JN294755

明日から始められる
メンタルヘルス・アクション

中小企業のためのメンタルヘルスガイド

メンタルクリエイト 代表
江口 毅 著

税務経理協会

はじめに

職場におけるメンタルヘルス対策については、第12次労働災害防止計画（平成25年）で、平成29年までに「メンタルヘルス対策に取り組んでいる事業場の割合を80％以上にすること」を目標として掲げています。また、政府の新成長戦略（平成22年6月閣議決定）では、２０２０年までの目標として「メンタルヘルスに関する措置を受けられる職場の割合１００％」を目標に掲げています。このように職場におけるメンタルヘルス対策は、国の重点施策として推進、加速させることが必要とされています。

しかし、中小企業にとっては、「メンタルヘルス対策の取り組み方がわからない」、「対策を始めるにしてもできるだけコストをかけたくない」、「そもそもメンタルヘルスのことがよくわからない」というのが現実です。筆者の経験では、１００人～４００人くらいの規模の企業で、経営者や人事担当者からそのような声を聞く機会が増えています。

本書は、そのような経営者や人事担当者がメンタルヘルス対策のスタートラインに立ち、対策をゼロから始められるようになることを目指しています。本書を読むことで、「メンタルヘルス対策において何を始めればいいのか」、「そのためにどのような知識、最新データ、考え方、方法、社会資源を知ればいいのか」が理解できます。難しい専門用語やメンタルヘルス不調者の事例に紙面を割くのではなく、「単純化」、「実践的」、「道案内」の3点において読者の役立つことを追求しました。そこが多くの類書との違いです。

また、構成としては、目次に続く「本書の道案内」（viii・ixページ）のように、読者にとって興味のあるテーマから読み進められるような工夫をしました。社内で求められているレベルを踏まえて、必要な個所から読み進めることができます。

中小企業の経営者や人事担当者が、明日からメンタルヘルス対策を始める。本書が、その一歩を踏み出すための力になれば幸いです。

筆　者

目　次

■はじめに

■第1章　企業におけるメンタルヘルスの状況

Ⅰ　データから見るメンタルヘルスの現状……2

Ⅱ　メンタルヘルス不調による企業の損失……9

1　パフォーマンスの低下……9

2　労災申請による損失……10

3　損害賠償請求による損失……11

4　その他の経済的な損失……12

5　うつ病による社会的ロス……15

Ⅲ　メンタルヘルス施策による効果……18

第2章　メンタルヘルス不調の理解

Ⅰ　企業においてメンタルヘルス不調者は増えているのか……24

Ⅱ　企業はメンタルヘルス不調者をゼロにできるのか……27

1　精神疾患の理解……28

2　なぜ「精神疾患」はゼロにできないのか……31

3　「職場で起こる問題」を限りなくゼロに近づける……32

Ⅲ　メンタルヘルス不調の何を理解すればよいのか……34

1　疾病性と事例性……36

2　疾病性と事例性　それぞれの対応例……40

3　メンタルヘルス不調への対応はシンプルだ……49

第3章　対策において予防をシフトする

Ⅰ　メンタルヘルス対策の「予防の三段階」……62

Ⅱ　メンタルヘルス対策における三次予防……64

1　職場におけるメンタルヘルス対策の取り組み状況……64

目　次

2　職場復帰支援プログラムの構築……67
コラム　診断書の不思議……74
Ⅲ　メンタルヘルス対策における二次予防……77
1　管理職に対するメンタルヘルス研修……77
2　長時間労働対策……82
3　ハイリスク期の対応……88
Ⅳ　メンタルヘルス対策における一次予防……90
1　「新・職業性ストレス簡易調査票」の活用……91
2　「ストレス判定図」の活用……92
3　「メンタルヘルスアクションチェックリスト」の活用……93
4　「メンタルヘルス意識改善調査票」の活用……94
5　「職場快適度チェックシート」の活用……95
6　仕事におけるコントロールを高める……96
7　社内でソーシャルサポートを広げる……98
コラム　天国と地獄の違い……101
8　社員へのスポーツ精神医学の啓蒙……103
9　社内ＳＮＳ等による啓蒙……105

10　社員同士の「語り」の促進……106
11　生活習慣の改善指導……109
Ⅴ　対策の成果とともに予防をシフトする……114

■第4章　メンタルヘルス対策の道案内

Ⅰ　ゼロから始めるメンタルヘルス対策……118
1　メンタルヘルスに関わる職場環境の実態把握……119
2　メンタルヘルスに関する課題を解決するための社内の計画策定と体制・ルールづくり……119
3　「心の健康づくり計画」の策定……121
4　管理職に対する周知・教育……123
5　「4つのケア」の推進……123
6　対策の成果についての評価・見直し……124
Ⅱ　メンタルヘルス対策に関わるリソース（Q&A）……126

■おわりに

道　案　内

メンタルヘルス対策における「予防」について学びたい

↓

第３章　対策において予防をシフトする

- ●職場復帰支援プログラムを構築する方法と進め方 → 67ページ（第3章Ⅱ2）
- ●メンタルヘルス不調についての診断書の不思議 → 74ページ（第3章Ⅱコラム）
- ●管理職に対するメンタルヘルス研修の考え方と進め方 → 77ページ（第3章Ⅲ1）
- ●長時間労働対策の考え方と進め方 → 82ページ（第3章Ⅲ2）
- ●職場環境改善のためのツール → 91ページ（第3章Ⅳ1～5）
- ●職場環境改善のツール以外の一次予防 → 96ページ（第3章Ⅳ6以降）

メンタルヘルス対策の始め方・進め方を学びたい

↓

第４章　メンタルヘルス対策の道案内

- ●メンタルヘルス対策の始め方 → 118ページ（第4章Ⅰ・Ⅱ）
- ●メンタルヘルス対策を進めるための有用な資源 → 126ページ（第4章Ⅱ）

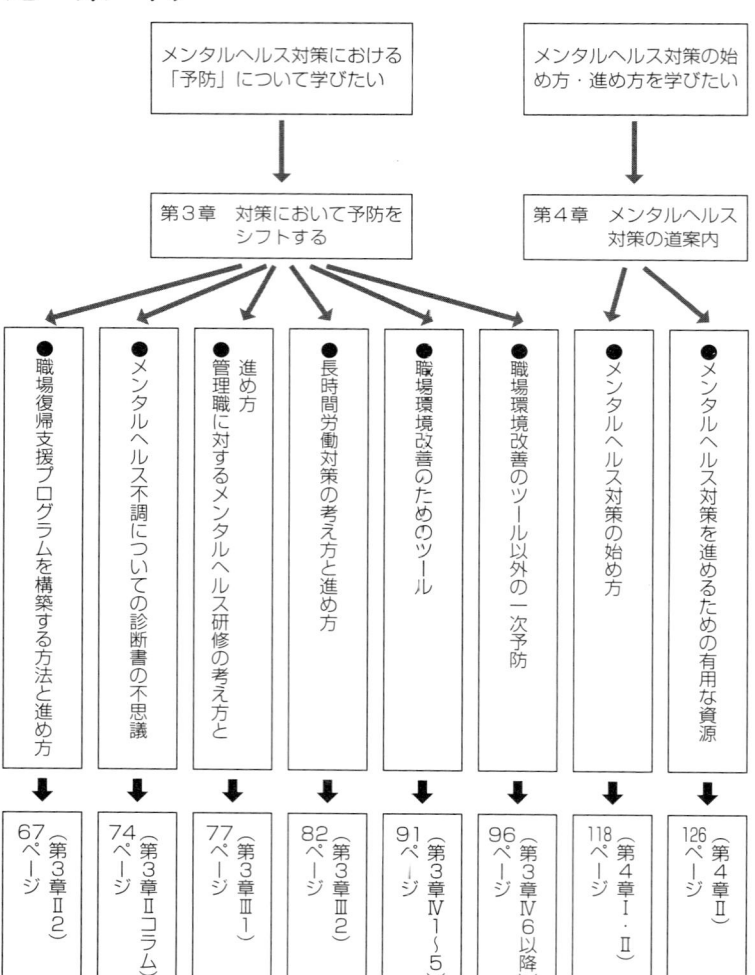

本　書　の

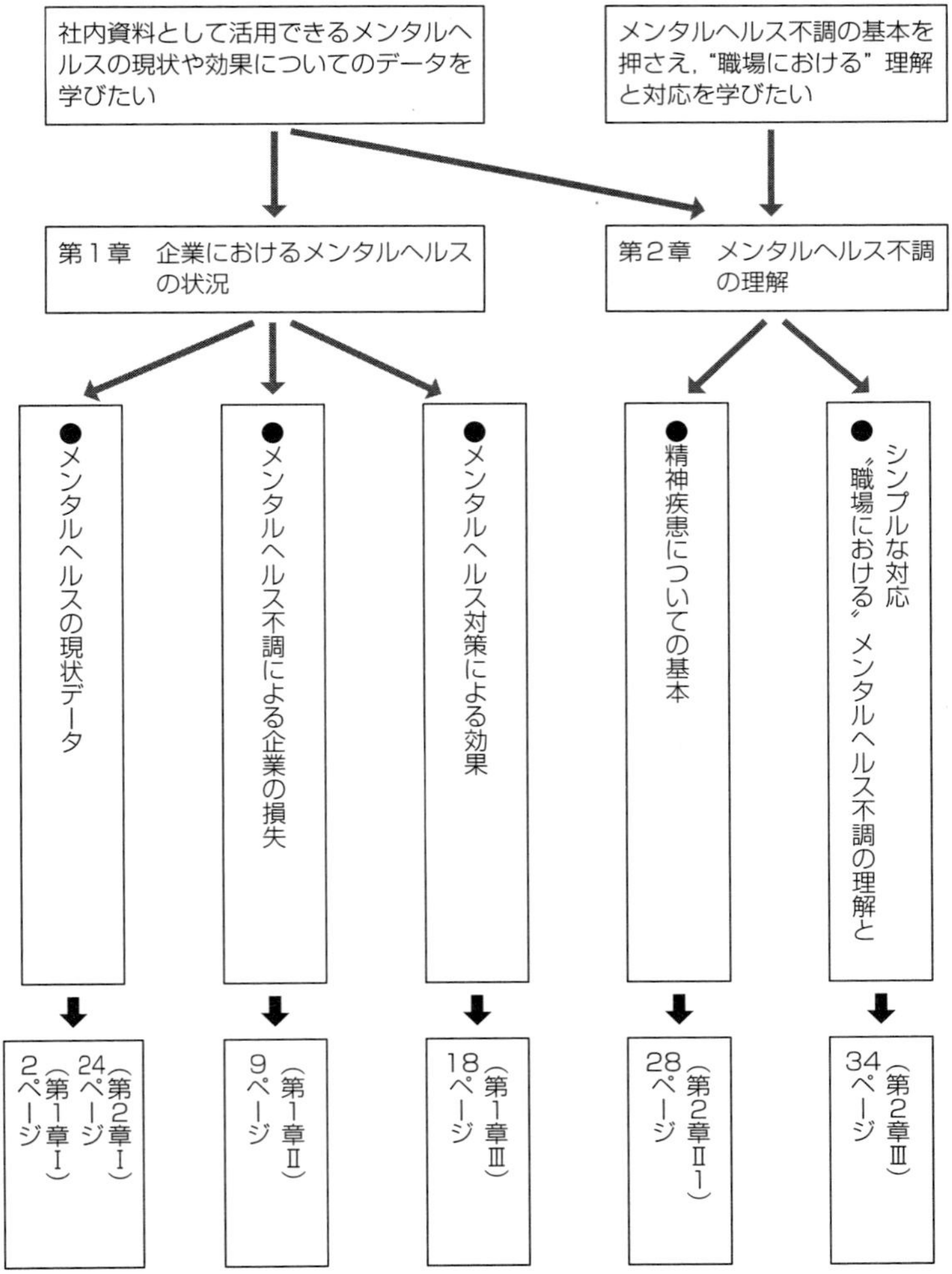

社内資料として活用できるメンタルヘルスの現状や効果についてのデータを学びたい
メンタルヘルス不調の基本を押さえ，“職場における”理解と対応を学びたい
第１章　企業におけるメンタルヘルスの状況
第２章　メンタルヘルス不調の理解
●メンタルヘルスの現状データ
●メンタルヘルス不調による企業の損失
●メンタルヘルス対策による効果
●精神疾患についての基本
●〝職場における〟メンタルヘルス不調の理解とシンプルな対応
2ページ（第1章Ⅰ）
24ページ（第2章Ⅰ）
9ページ（第1章Ⅱ）
18ページ（第1章Ⅲ）
28ページ（第2章Ⅱ1）
34ページ（第2章Ⅲ）

第1章

企業におけるメンタルヘルスの状況

I　データから見るメンタルヘルスの現状

厚生労働省による「労働者健康状況調査」（平成19年）では、「仕事や職業生活に関する強い不安、悩み、ストレスがある」と答えた労働者の割合は６割前後で推移しています（図表１－１）。つまり、約６割の労働者が、心に強い負荷を感じながら日々の仕事に従事していることになります。

なお、強い不安、悩み、ストレスの要因は、「職場の人間関係の問題」、「仕事の質の問題」、「仕事の量の問題」の順に上位を占めています（図表１－２）。

このようなストレスに対して適切に対処ができないと、うつ病などのメンタルヘルス不調を発症することがあります。わが国のうつ病をめぐる状況は、２０１１年の患

図表１－１　労働者のストレスの状況

仕事や職業生活に関する強い不安，悩み，ストレスがある労働者の割合

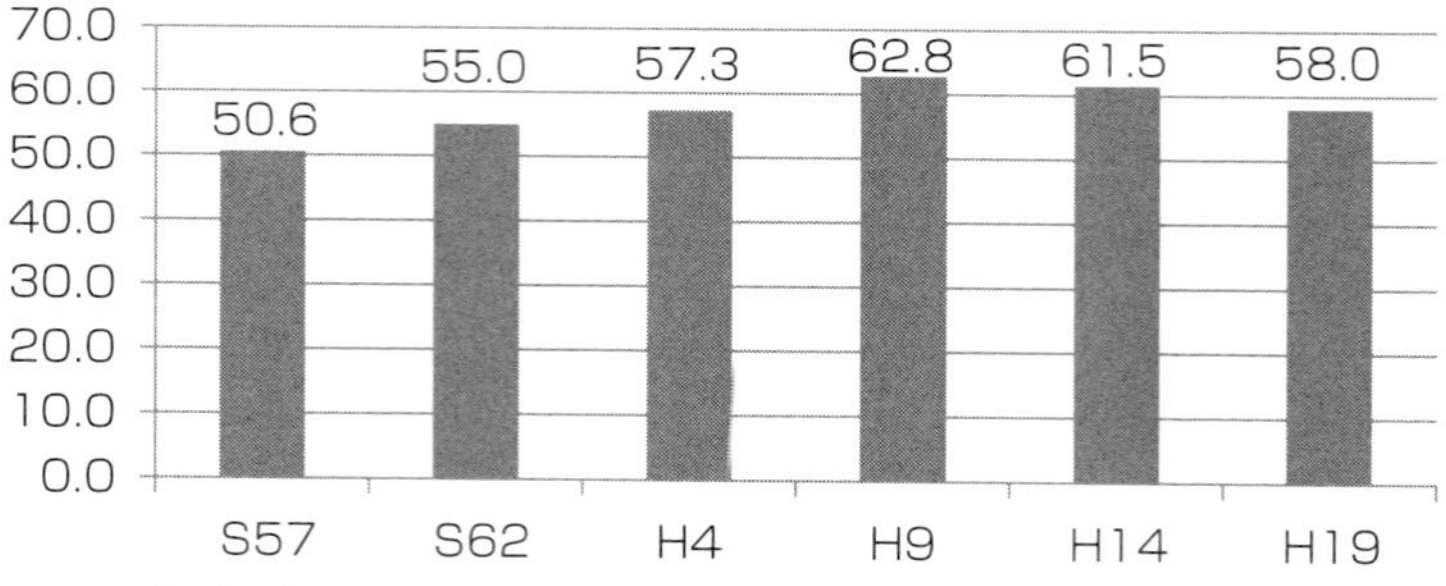

出所：「労働者健康状況調査」厚生労働省，各年版

図表1－2　労働者のストレスの要因

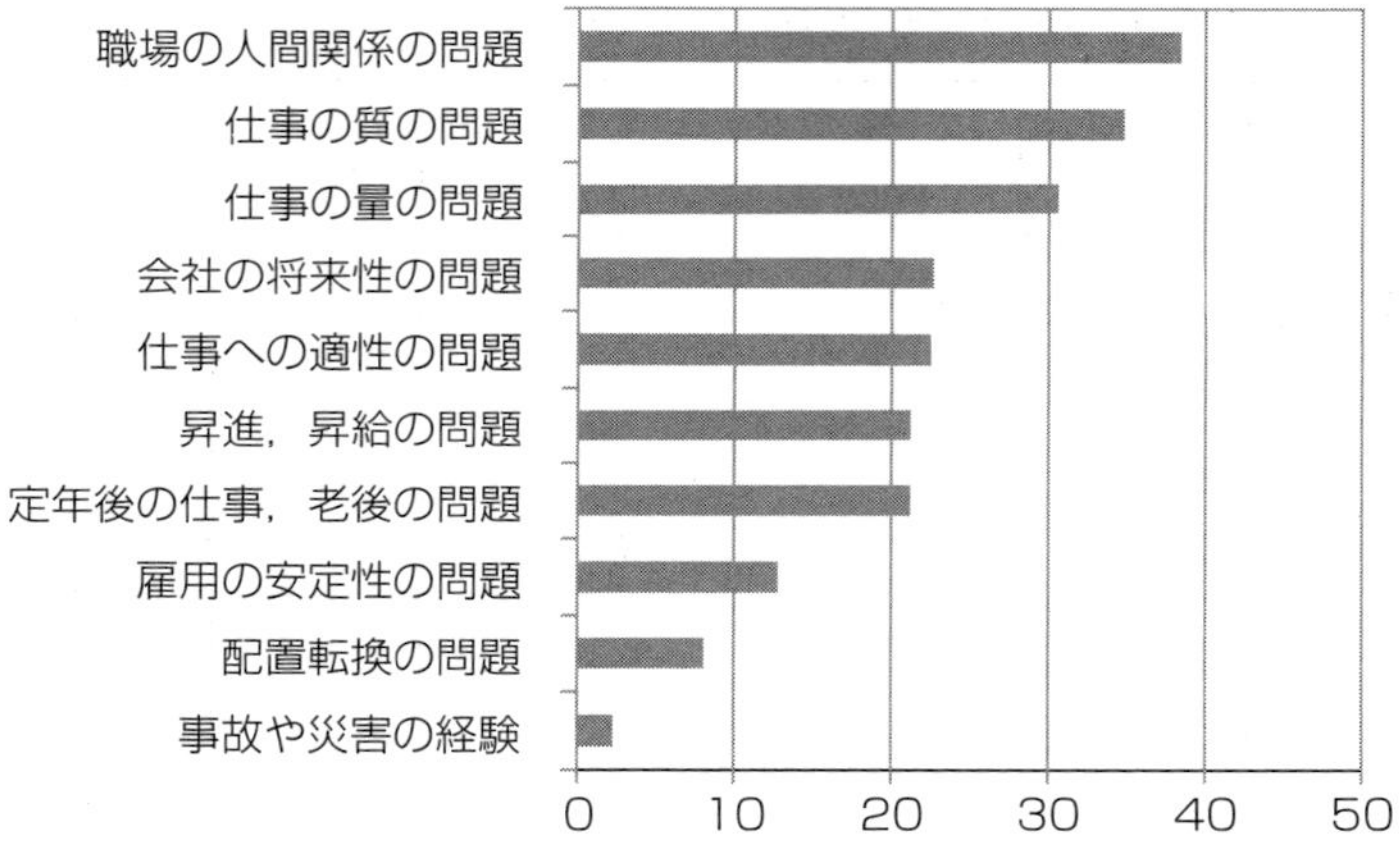

出所：「労働者健康状況調査」厚生労働省，平成19年

者調査（厚生労働省）によると、うつ病などの気分障害の人は約96万人となっています（図表1－3）。報告書によっては、150万人程度という数字もあります。

　このように、うつ病の人はたいへん多いわけですが、最も多い年齢層は30歳代と40歳代になります。これは、日本生産性本部の調査でも同様の結果が出ています（図表1－4）。第6回「『メンタルヘルスの取り組み』に関する企業アンケート調査結果」（2012）では、上場企業において「心の病」が最も多い年齢層は、30歳代と40歳代です。この調査が始まった2002年以降ずっと30歳代が最も多かったのですが、今回の調査では40歳代の増加率が顕著で30歳代よりも僅かに多くなっています。なお、同調査では、「最近3年間において『心の病』が『増加傾向』と回答した企業」は37・

図表１－３　労働者のストレスの状況

うつ病・躁うつ病総患者数

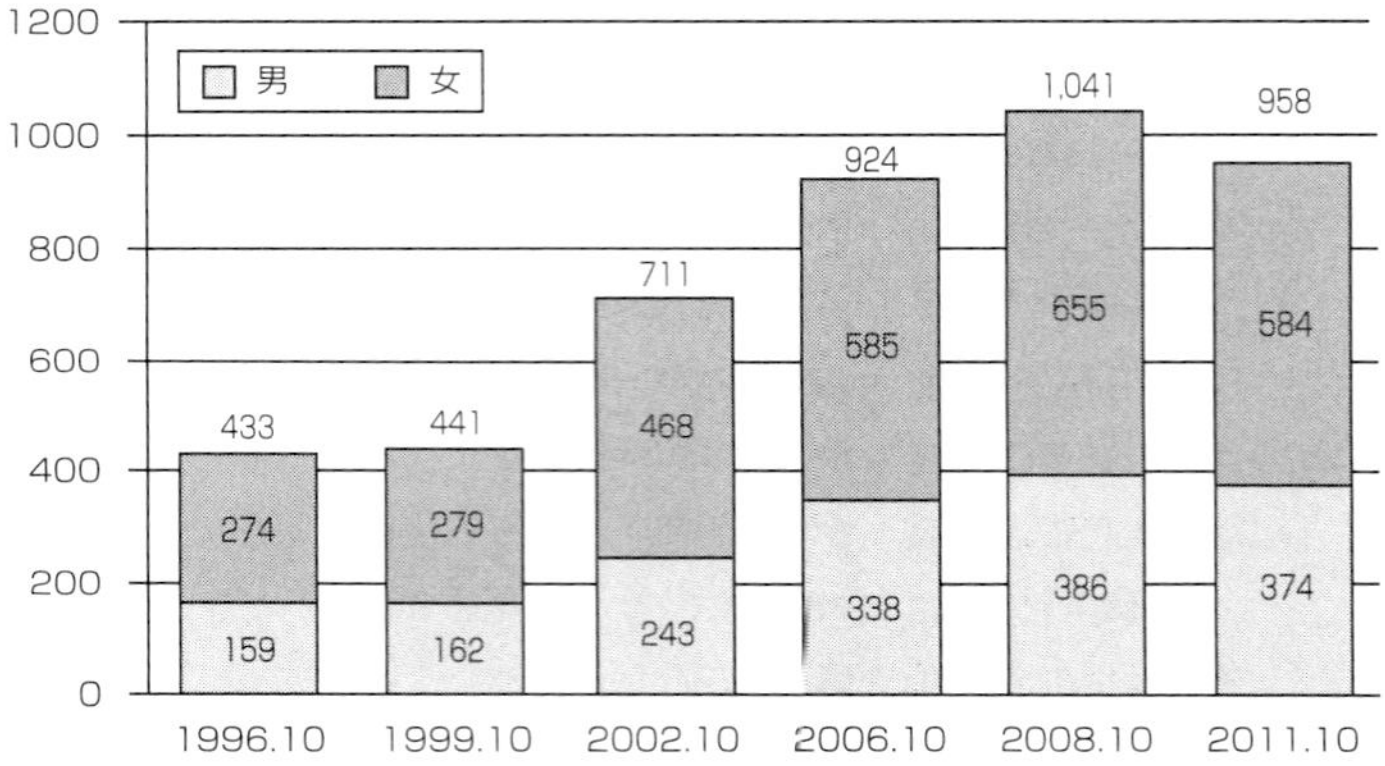

男女年齢別総患者数（2011年10月）

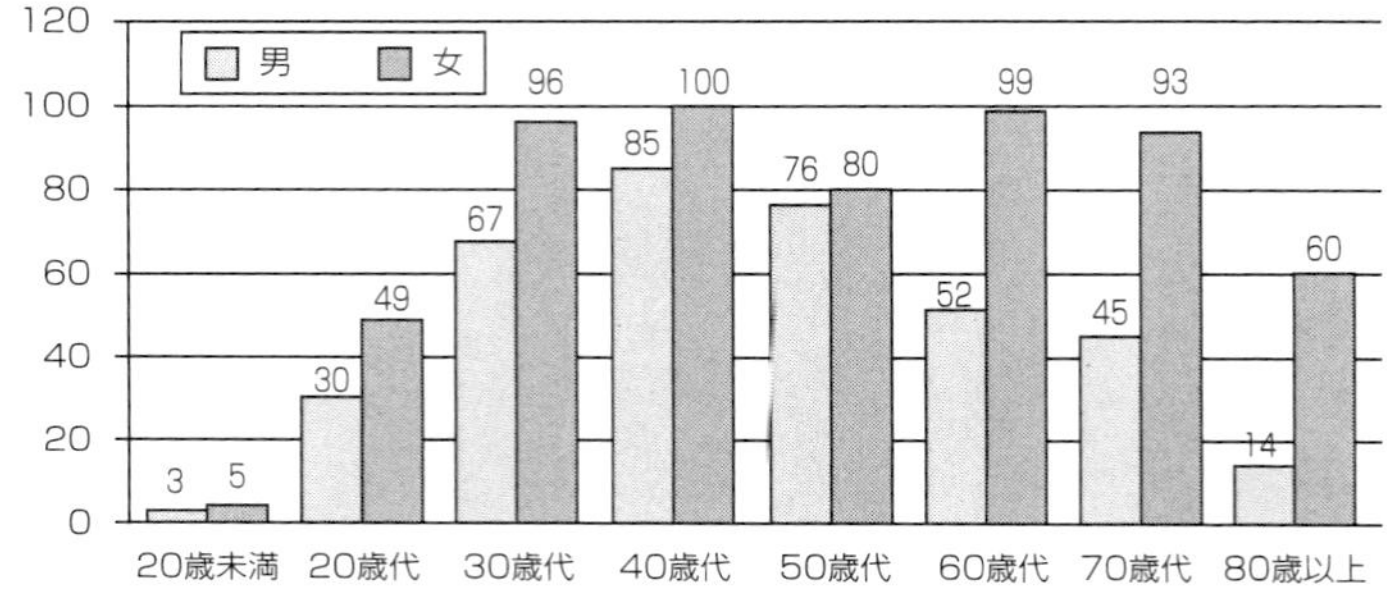

注：「気分［感情］障害（躁うつ病を含む）」（ICD－10：F30－F39）の総患者数であり，うつ病及び躁うつ病（双極性障害）の患者が中心。総患者数とは調査日に医療施設に行っていないが継続的に医療を受けている者を含めた患者数（総患者数＝入院患者数＋初診外来患者数×平均診療間隔×調整係数（6/7））。2011年調査については東日本大震災の影響により宮城県（2008年1.6万人）のうち石巻医療圏，気仙沼医療圏及び福島県（2008年1.9万人）を除いた数値である。

出所：厚生労働省「患者調査」平成23年

図表１－４　心の病の最も多い年齢層

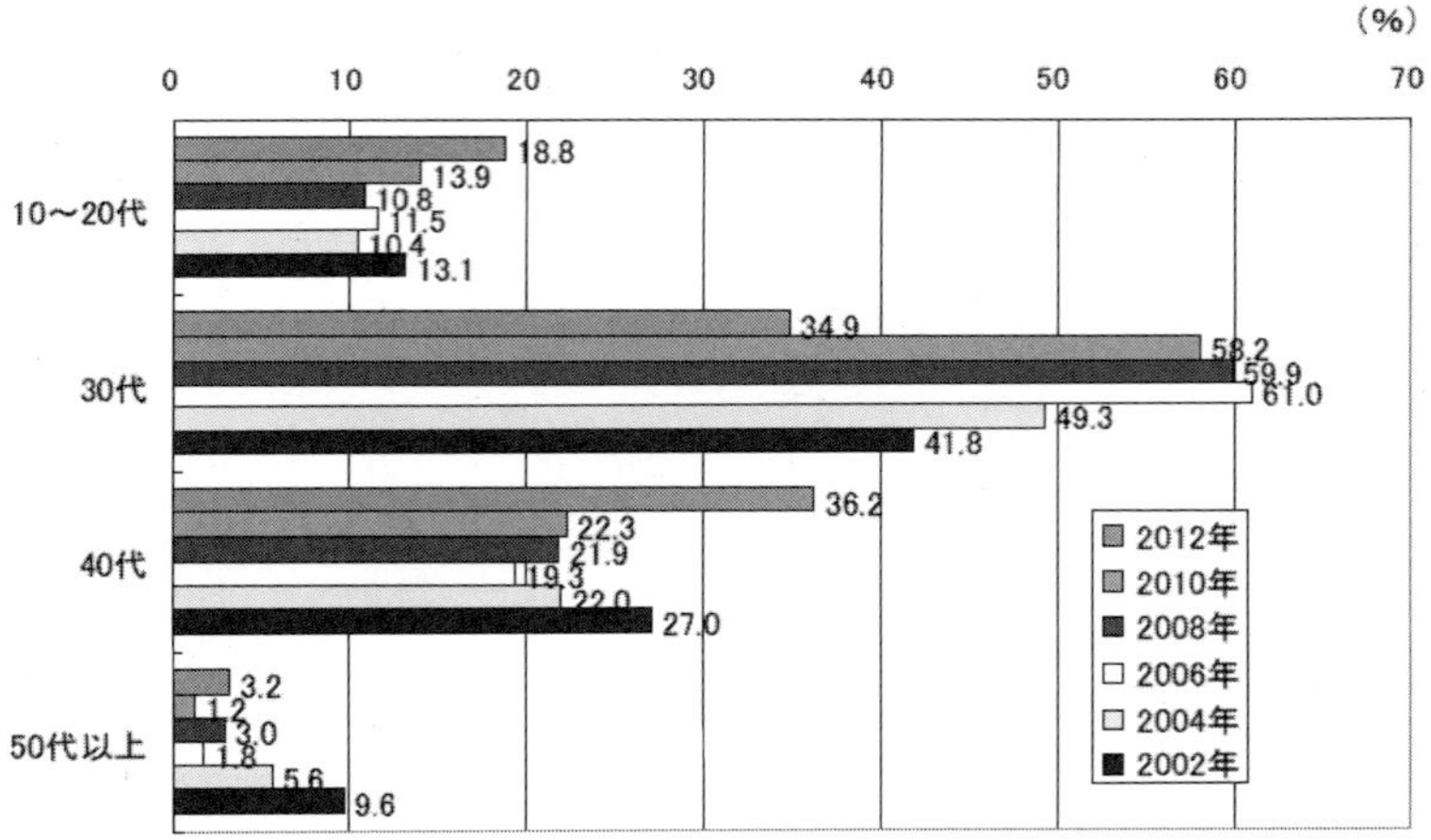

心の病の増減傾向

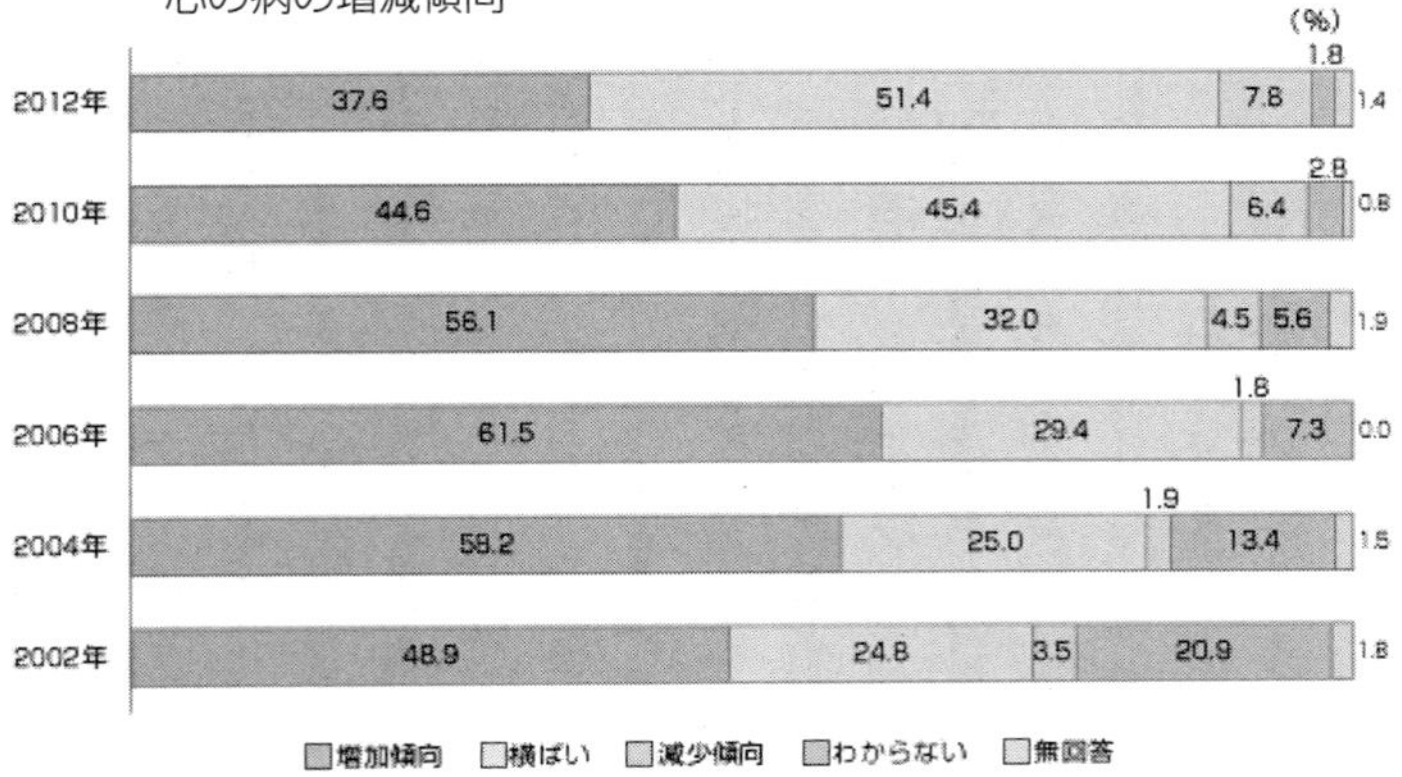

出所：メンタル・ヘルス研究所「第６回『メンタルヘルスの取り組み』に関する企業アンケート調査結果」日本生産性本部，2012

6%、「『横ばい』と回答した企業」は51・4%となっています（図表1－4）。この結果から、今後も一定数の「心の健康問題を抱えた社員」が発生することが予測できます。

さて、1998年から2011年まで3万人を超えていた自殺者数が、2012年には15年ぶりに3万人を切りました。3万人を切ったとはいえ、自殺の問題はとても大きな問題に変わりありません。このうち労働者（被雇用者・勤め人）の数は約7、500人（図表1－5）、「勤務問題」を自殺の原因の1つとしている人は約2、500人となっています。WHO（世界保健機関）の調査によると、自殺者の大多数（95%）は、最期の行動に及ぶ前に何らかの精神疾患の診断に該当する状態にあることがわかっています。にもかかわらず、適切な治療を受けていた人は、わずか

図表1－5　労働者の自殺者数の推移

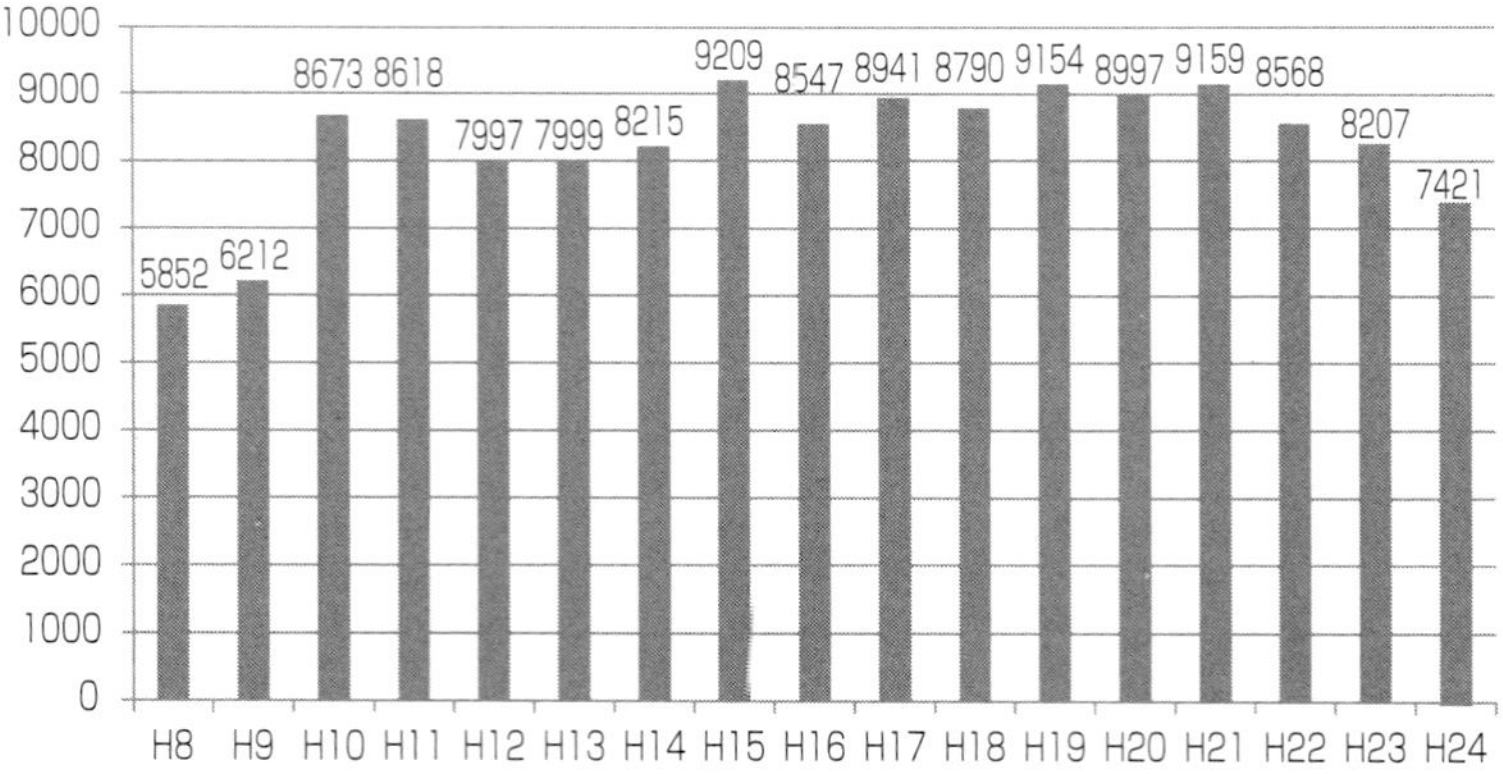

注：自殺した労働者数は，平成18年までは管理職と被雇用者の合計，平成19年以降は「被雇用者・勤め人」の合計である。

出所：「平成24年中における自殺の概要資料」（警察庁）

図表１－６　自殺の背景としての精神疾患

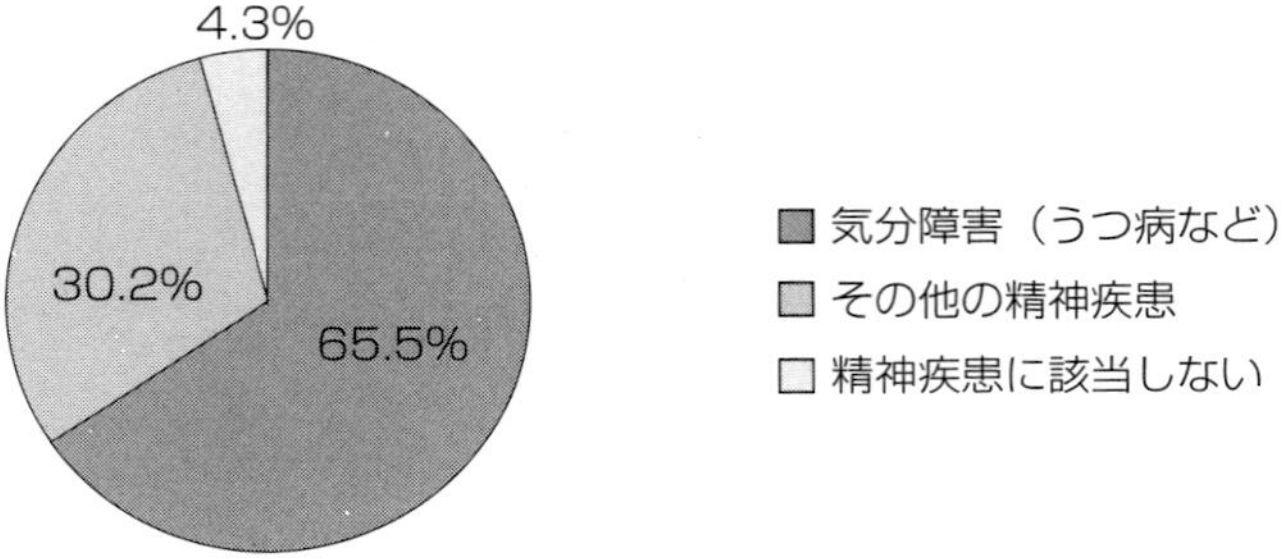

出所：世界保健機関（ＷＨＯ）2002

１～２割程度しかいません。つまり、自殺は予防の余地が十分に残されているのです。なかでも、うつ病が自殺と密接に関連しています（図表１－６）。

企業において、うつ病と自殺の問題を考える際に注目すべきことが、「精神障害等に係る労災補償状況」です（図表１－７）。これは、発病した精神障害が業務上のものと認められるかどうかの判断の状況と解釈してください。２０１２年度の労災補償の「請求件数」は１、２５７件と引き続き高水準で推移し、「支給決定件数」は４７５件と前年度から大幅に増加し過去最多を記録しました。支給決定される事案の特徴を見ると、「30～39歳」が１４９件、「40～49歳」が１４６件と働き盛りの年代に多いことがわかります。

なお、厚生労働省は、１９９９年に定めた「心理的負荷による精神障害等に係る業務上外の判断指針」に基づいて労災認定を行ってきましたが、２０１１年12月に「心理的負荷による精神障害の認定基準」を新たに定め、これに基づいて労災認定を行うことにしました。

図表１－７　精神障害等に係る労災請求・決定件数の推移

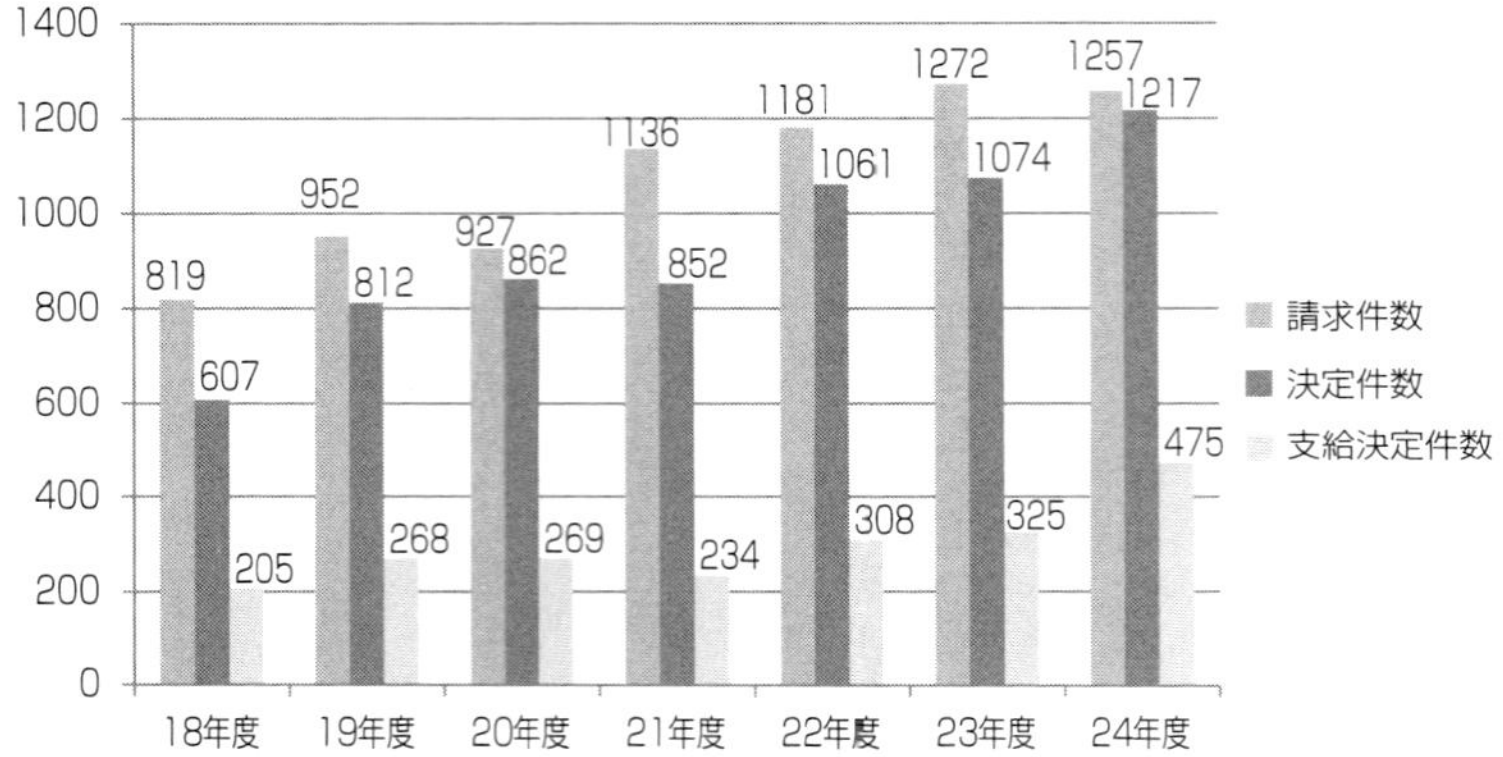

出所：厚生労働省

Ⅱ　メンタルヘルス不調による企業の損失

メンタルヘルス施策が十分でない企業やメンタルヘルス不調者に対する誤った対応を行っている企業では、企業としての損失が増える可能性があります。また、メンタルヘルス施策を経営課題としてではなく、福利厚生として捉えている企業でも同様のことがいえます。

ここでは、企業にとってどのような損失があるのかを取り上げます。

1　パフォーマンスの低下

「職場におけるメンタルヘルス対策に関する調査」（独立行政法人　労働政策研究・研修機構、２０１２）において、メンタルヘルス問題とパフォーマンスとの関連が示されています（図表１－８）。

メンタルヘルス問題と、生産性の低下や重大事故など企業のマイナスのパフォーマンスとの関係をどう考えるかについては、「関係がある」（42・1％）、「密接に関係がある」（22・8％）、「どちらかといえば関係がある」（21・3％）を合わせて、約９割（86・2％）の事業所が「関係あり」と認識しています。「どちらともいえない」は９・６％で、無関係（「あまり関係がない」、「まったく関係が

図表１−８　メンタルヘルスの問題と企業パフォーマンスへの影響についての認識

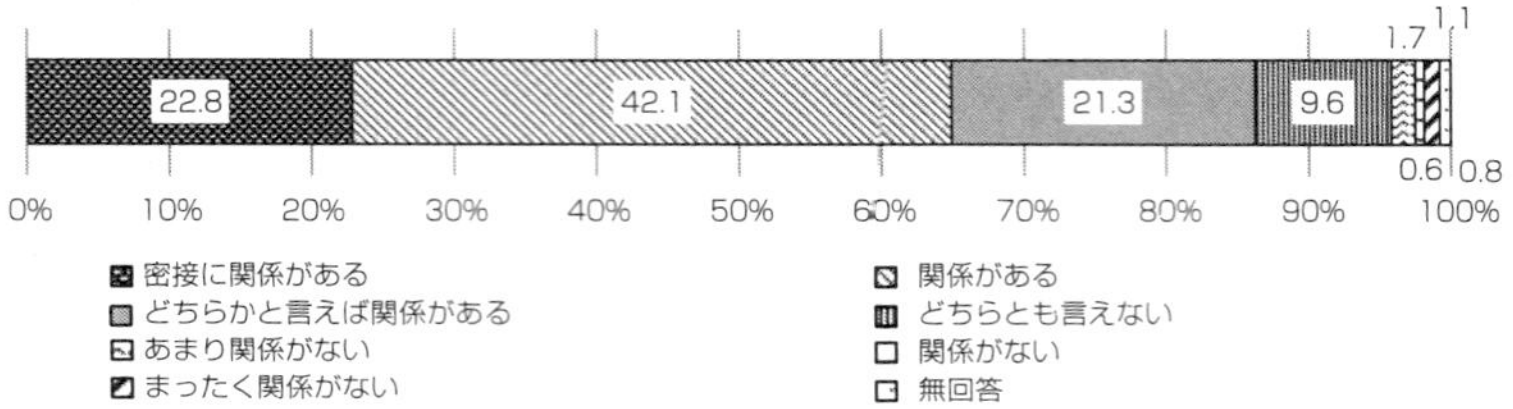

出所：「職場におけるメンタルヘルス対策に関する調査」独立行政法人　労働政策研究・研修機構，2012

ない」、「関係がない」の合計）と考えているのは3・4％と少数でした。

この調査結果から、メンタルヘルス問題は労働者のパフォーマンスに影響を及ぼす重要な課題であることがうかがえます。労働者のパフォーマンスの低下は、当然企業にとっての大きな損失といえます。

2　労災申請による損失

近年は、社会のメンタルヘルス不調への関心や社員自身の意識の高まりにより、働く中でメンタルヘルス不調になった場合に、労災申請を検討する人が多くなってきました。以前と比較して、業務に起因するメンタルヘルス不調であっても、職場に隠しながら治療をする人は少なくなってきています。また、生活面の補償を目的に、退職後に労災申請を行うことも増えつつあります。

労災が認定されても、災害補償は労災保険でまかなわれるため、企業は金銭的負担を負うことはありません。しかし、労働基準監督署からの問い合わせへの対応、数多くの書類対応、社内調査など社内担当者はたいへんな労力を費やすことになります。企業によっては、専門の担当者を選任しているくらいですから、労力の面でも人件費の面でも損失が増えるといえます。

3 損害賠償請求による損失

労災保険に基づく補償は、企業側に落ち度がなくても支給されますが、平均賃金を基礎に算定された定率的な補償となり、労働者が被った損害の一部に限られます。つまり、慰謝料に相当するものは一切含まれていません。そこで、労災保険の給付だけでは十分でないとして、労働者やその遺族が民事上の損害賠償請求を起こすことがあります。

さらに民事裁判では、ある程度の因果関係が認められれば訴訟を起こすことができるため、労災認定がなされない場合でも安全配慮義務違反として損害賠償請求を起こすこともあります。安全配慮義務は、労働契約法第5条に「使用者は、労働契約に伴い、労働者がその生命、身体等の安全を確保しつつ労働することができるよう、必要な配慮をするものとする。」と規定されています。

特に、労働者が過労死・過労自殺した場合、安全配慮義務違反による損害賠償額は高額です（図表1-9）。過去最高の賠償額（和解）となった電通事件の1億6、857万円は有名ですが、数千

図表1－9　高額化する損害賠償額（2000年以降の判決）

事　件　名	損害賠償額
オタフクソース事件（過労自殺）	約1億1,000万円
スギヤマ薬品事件（過労死）	約8,700万円
ニコン事件（過労自殺）	約7,000万円
大庄事件（過労死）	約7,900万円

万の賠償額は十分に想定できる額となります。

このように、特に過労死・過労自殺の場合は、裁判になった時に企業が無傷で終わる可能性は低いといえ、その結果として、賠償額による経営へのダメージだけでなく、企業ブランドイメージや社会的信用の低下などの損失が免れません。

4 その他の経済的な損失

メンタルヘルス施策を怠ることやメンタルヘルス不調に適切に対応しないことによる経済的損失は、既述の労災や訴訟による損失、企業ブランドイメージの低下などだけではありません（図表1－10）。

このように、経済的損失には、有形無形の大きな損失がありますが、実際の損失額については、「自殺やうつ病がなくなった場合の経済的便益（自殺やうつによる社会的損失）」の推計額が2009年の単年度で2・7兆円と発表されました（厚生労働省）。内訳は、次のとおりです（図表1－11）。

図表１－10　メンタルヘルス不調に係る企業における経済的損失

・労災申請による損失
・損害賠償請求による損失
・生産性の低下（疾病や休職によるもの）
・事故やミスの増加，顧客サービスの低下
・人事担当者の負荷増加
・メンタルヘルス不調の部下を抱える管理職の負荷増加
・メンタルヘルス不調者の周囲の社員の負荷増加
・代替要員の獲得に伴う時間的・金銭的ロス
・優秀な人材の喪失（退職，解雇，転職など）
・医療費の増大
・ＣＳＲ（企業の社会的責任）への影響

図表１－11　「自殺やうつ病がなくなった場合の経済的便益」の内訳

項　　　目	約2.7兆円の内訳
自殺死亡がゼロになることによる稼働所得の増加	１兆9,028億円
うつ病による自殺と休業がなくなることによる労災補償給付（労災年金を含む）の減少	456億円
うつ病による休業がなくなることによる賃金所得の増加	1,094億円
うつ病がきっかけとなって失業することがなくなることによる求職者給付の減少	187億円
うつ病がきっかけとなって生活保護を受給することがなくなることによる給付の減少	3,046億円
うつ病がなくなることによる医療費の減少（国民医療費ベース）	2,971億円

出所：厚生労働省

図表１－12　精神障害による疾病休業による損失

労働者人口の大部分に占める中小規模事業場における精神障害による疾病休業率		総労働者数		精神疾病による推定総休業人口
0.79%	×	6,000万人	＝	47万4,000人
平均休業月数		推定総休業人口		推定総休業月数
5.2か月	×	47万4,000人	＝	246万4,800か月
日本人の平均年収		推定総休業月数		推定逸失利益
461万円÷12か月	×	246万4,800か月	＝	9,468億9,400万円

出所：「うつ病を中心としたこころの健康障害をもつ労働者の職場復帰および職場適応支援方策に関する研究」厚生労働省

自殺が全くなくなることは現実的には考えにくいですが、自殺者数が減少するだけで一定のＧＤＰ引上げ効果があるともいわれています。また、「精神障害による疾病休業」による労働損失だけでも９、４６８億９、４００万円にのぼると試算されています（図表1－12）。

さらに、個人ベースでは、うつ病の患者１名あたり「欠勤、出勤中の生産性の低下、医療費の支払い」で、年間95万円程度の損失が発生するとした調査結果も報告されています。

また、「疾患・症状が仕事の生産性等に与える影響に関する調査」（健康日本21推進フォーラム、２０１３）によると、生産性の低下率にもっとも大きな影響を与えている疾患・症状は「メンタルヘルス不調」でした。これは、「心臓の不調」、「呼吸器の不調」、「月経不順・ＰＭＳなどによる不調」を押さえてのワースト１です。メンタルヘルス不調による生産性の低下率は８・８％となっており、仮に従業員１、０００人で平均就業日数２００日の企業においては、約5人の離職（９８６日分の欠勤）にも等しい逸失利益が想定できると報告されています。

5 うつ病による社会的ロス

病気など（病気のほか、怪我、自殺、事故、犯罪など）がどれだけ社会にとってロスになるかを測る指標としてＷＨＯのＤＡＬＹ（disability-adjusted life year・障害調整生存年）があります。正確な定義としては、「死が早まることで失われた生命年数と健康でない状態で生活することにより失われている生命年数を合わせた時間換算の指標」となります。わかりやすくいえば、寿命・健康ロスの大きな病気・障害による損失の大きさを、死亡だけでなく病気による経済的・社会的損失まで計算して出したものをＤＡＬＹ値といいます。

日本とＯＥＣＤ全体の比較（図表1－13）によると、日本ではうつ病が脳血管疾患に次いで２番目に高くなっています。ＯＥＣＤではＤＡＬＹ値が日本以上に深刻で、がん（全部位）を除くと最大になっていることから、ＯＥＣＤ、日本ともに極めて大きな課題になっています。

なお、うつ病は寿命ロスではなくほとんどが健康ロスです（図表1－13）。健康ロスは、本人が働くことに支障をきたすだけでなく、周囲の人に負担をかけることにつながります。特に、当人が労働者であった場合は、深刻な経済的ロスになります。なお、自殺については、日本はＯＥＣＤと比

図表1－13　寿命・健康ロスの大きな病気・障害（DALY値）

DALY値（病気等の寿命短縮年数と健康損失の健康寿命換算年数の合計）総数に占める各傷病のシェア

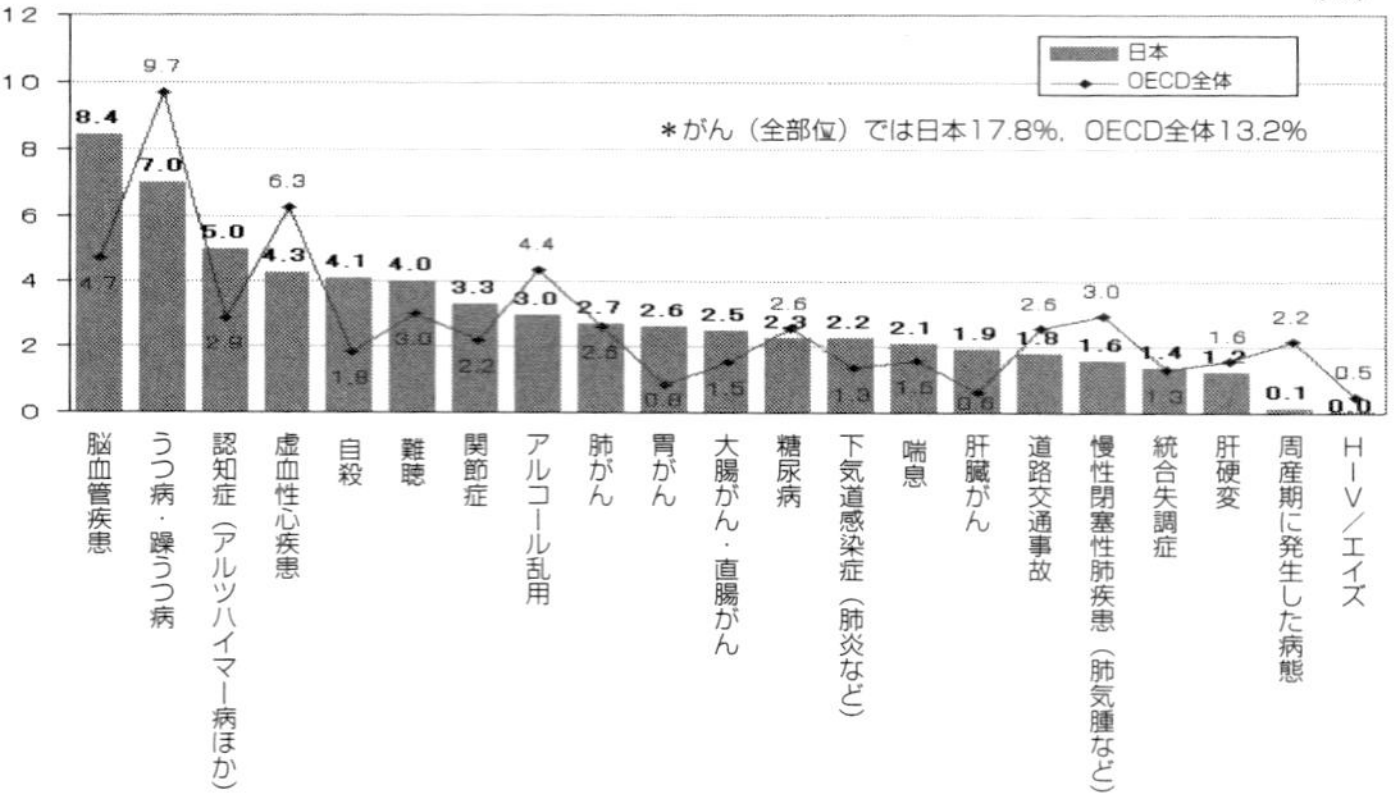

注：OECD全体あるいは日本において1.5%以上を占める傷病を中心に掲載。
出所：WHO, Causes of death and burden of disease estimates by country（2002年値推計）

（参考）DALYに占める寿命ロスと健康ロスの割合

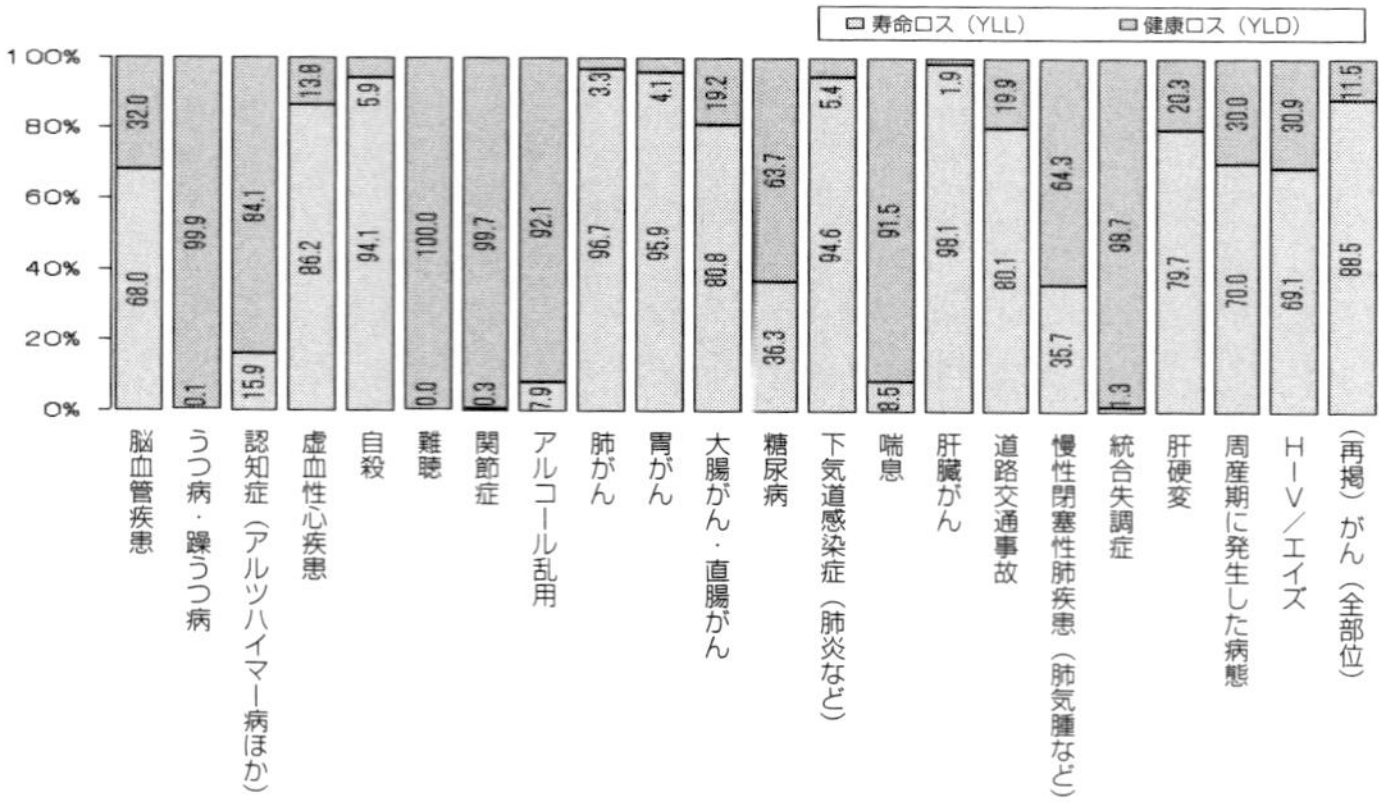

注：世界銀行定義の高所得全体における2004年推計値である。
出所：WHO, Disease and injyury regional estimates for 2004

較してＤＡＬＹ値のウエイトが高くなっています。自殺は周囲の人に多大なショックを与えますから、当然これも深刻な経済的ロスにつながります。

このように、健康面から着目してもメンタルヘルス不調による企業の経済的損失は大きいといえます。

Ⅲ　メンタルヘルス施策による効果

企業におけるメンタルヘルスの状況を概観してきました。

もはやメンタルヘルス施策は、「取り組むか、取り組まないか」の次元の問題ではなく、「いかに取り組むか」という問題であることは明らかでしょう。企業は、労災や損害賠償、貴重な人材の喪失、社員のモラールの低下、ブランドイメージの低下などの損失を防止するためにメンタルヘルス施策を講じる必要があります。また、損失内容を見れば、対策が福利厚生という位置づけではなくリスクマネジメントでなければならないことがわかります。

「職場におけるメンタルヘルス対策に関する調査」（独立行政法人　労働政策研究・研修機構、2012）においても、メンタルヘルス対策の位置づけは、「どちらかといえば重要課題」と考えている事業所の割合が48・8％と最も高く、「最重要課題」とする事業所（5・5％）を合わせると、54・3％が「重要課題」と認識されています。また、メンタルヘルス対策を今後強化すべきだと考えている事業所は70・2％となっており、必要の認識の強さがうかがえます（図表1－14・図表1－15）。

図表１－14　現在のメンタルヘルスケアの取り組みの位置づけ（企業規模別）

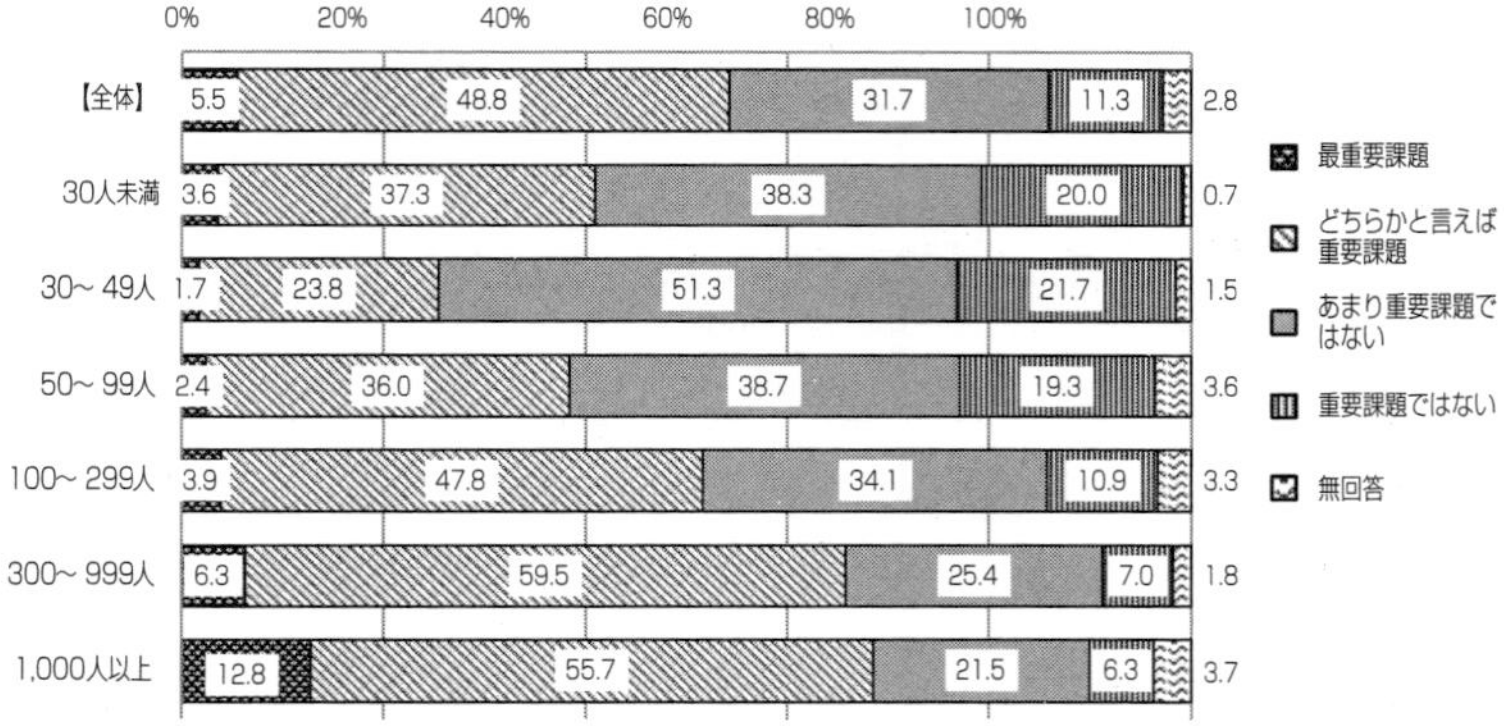

出所：「職場におけるメンタルヘルス対策に関する調査」独立行政法人　労働政策研究・研修機構，2012

図表１－15　今後のメンタルヘルスケアの取り組みの位置づけ
（企業規模別，ケア取り組み有無別）

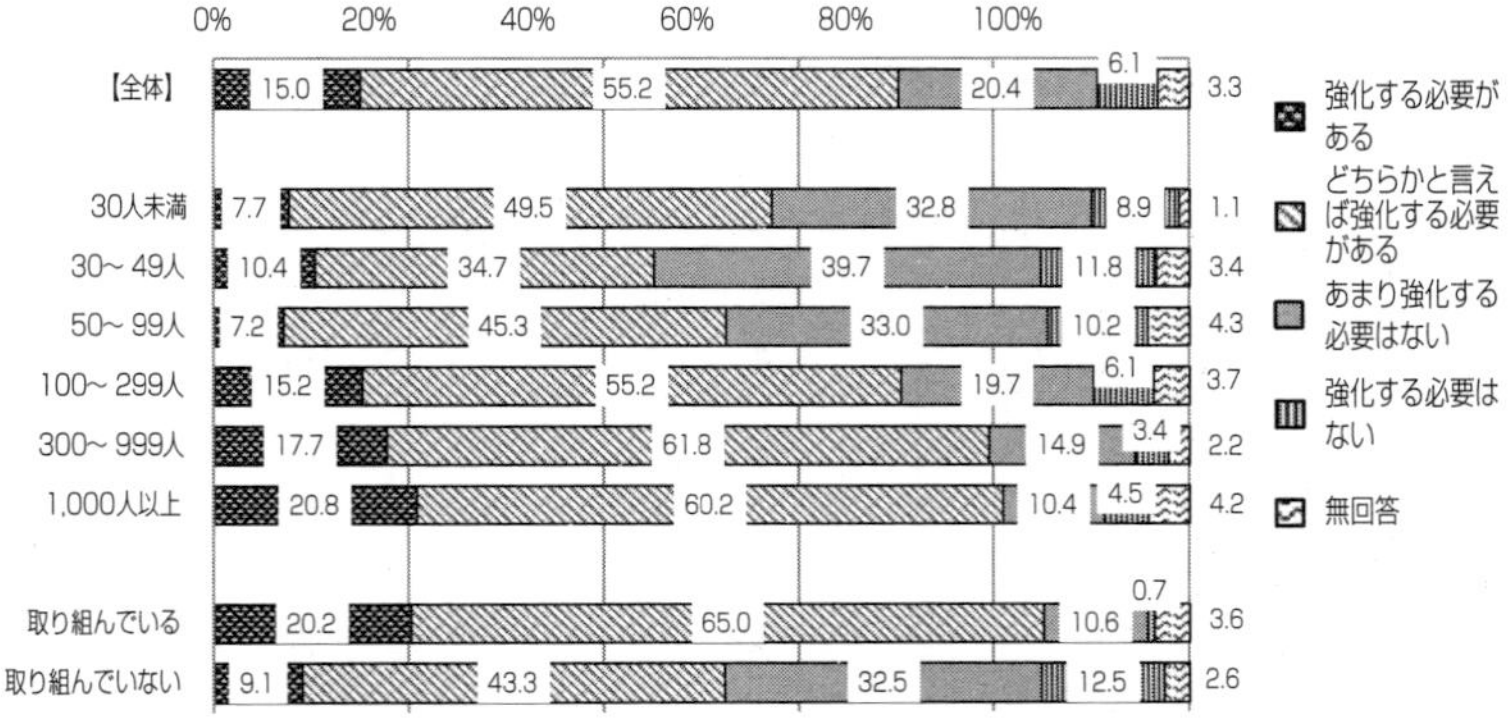

出所：「職場におけるメンタルヘルス対策に関する調査」独立行政法人　労働政策研究・研修機構，2012

図表1－16　メンタルヘルス対策と二次予防効果

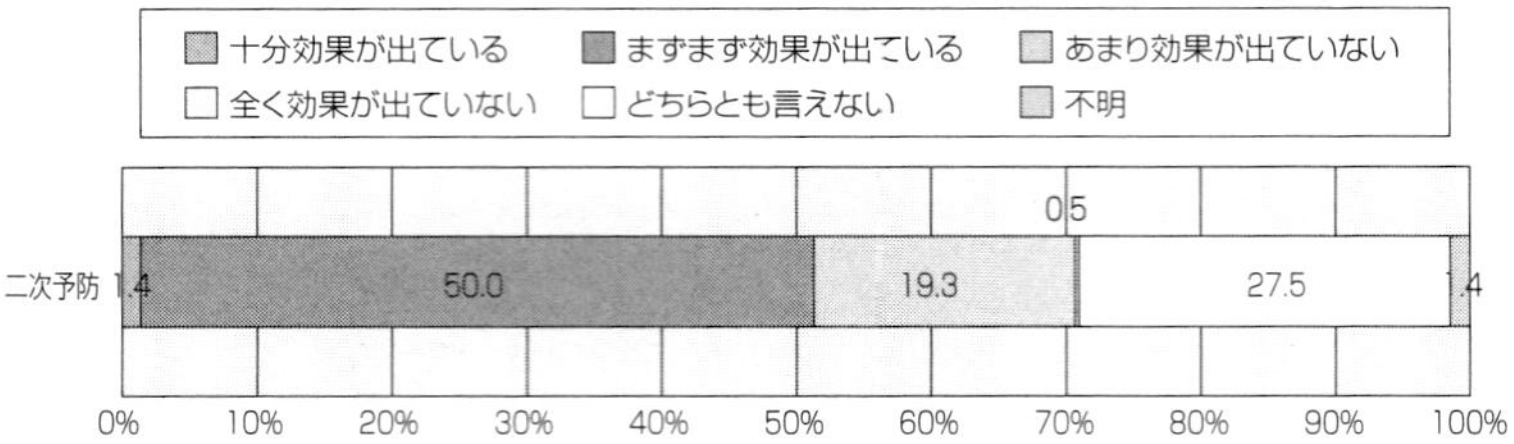

出所：メンタル・ヘルス研究所「第6回『メンタルヘルスの取り組み』に関する企業アンケート調査結果」日本生産性本部，2012

では、実際に企業におけるメンタルヘルス対策は効果を上げているのでしょうか。

「第6回『メンタルヘルスの取り組み』に関する企業アンケート調査結果」（2012）では、早期発見・早期対応（二次予防）について効果が出ている（「十分に効果が出ている」と「まずまず効果が出ている」）企業は51・4%となっています（図表1－16）。成果に手応えを感じる企業が増加していることは、これから対策を始める企業を後押ししてくれます。

効果の内容は、設定する対策の目的によって企業ごとに異なります。目的の例としては、メンタルヘルス不調者の早期発見・対処、メンタルヘルス不調による休職者の減少、健康保険による支出の削減、欠勤等による労働損失の減少、快適な職場環境づくりなどが挙げられます。参考までに、「中小規模事業所におけるメンタルヘルス対策に関する実態調査」（平成21年、東京都産業労働局）では、取り組み目的として「社員の心身ストレス緩和」、「良好な職場環境の形成」、「不調者の早期発見・治療」が主体となっていて、各々過半数の回答となっています。

また、取り組み効果としては、「不調者の早期発見・治療」、「良好な職場環境の形成」が４割前後の評価とされています。

しかし、企業として本来設定すべき目的と期待する効果は、企業の成長力の向上、生産性の向上に他なりません。メンタルヘルス対策を通じて、社員が働く職場環境の問題をあぶり出し、その改善を進めていくことが求められます。メンタルヘルス不調の要因を個人に転嫁するのではなく、不調の背景にある職場環境の問題を明らかにすることが重要です。

仕事量の問題、適性のミスマッチ、評価への不満、経営方針への不信、会社の将来性への不安、顧客ニーズの多様化・高度化による負荷、上司からの支援の不足、ハラスメントなど、それぞれの企業で抱えている問題が、対策のプロセスにおいて顕在化してきます。メンタルヘルス不調者が発生しなければ潜在化したままであった問題を改善する好機が与えられるのです。それらを改善していくことが、企業の成長力の向上、生産性の向上につながります。また、対策のプロセスにおいて改善を進めていくことは、企業が社員を大切にしているというメッセージを社員に発信することにもなります。このことは、社員のモラールの向上と決して無関係ではありません。

第2章

メンタルヘルス不調の理解

Ⅰ　企業においてメンタルヘルス不調者は増えているのか

第1章で取り上げたように、メンタルヘルス不調者の数は増加の一途を辿っています。しかし、図表1－4（5ページ）のとおり、上場企業におけるメンタルヘルス不調者の数は、「横ばい」との回答が増加しています。「最近3年間における「心の病」が『増加傾向』と回答した企業は37・6％と、第3回調査時（2006年）の61・5％をピークに減少し続けています。一方で、『横ばい』と回答した企業は51・4％と、半数を超えました。このことから、企業における「心の病」の増加傾向には歯止めがかかってきていることがうかがえます。

また、図表1－16（20ページ）のとおり、早期発見・早期対応（二次予防）について効果が出ている（「十分に効果が出ている」と「まずまず効果が出ている」）企業は51・4％となり、半数の企業が効果を実感しています。

これらのことから、社会においてメンタルヘルス不調者が増加傾向にあっても、少なくとも調査対象の上場企業においては、メンタルヘルス施策を講じることによって一定の成果が見られ、社員の不調については一定の歯止めをかけることができるといえます。

しかし、「労働者健康状況調査」（厚生労働省、平成19年）によると、企業におけるメンタルヘルス施策の取り組み状況は、事業所規模が小さくなるに従い実施されている割合が低くなっています（図表２－１）。

また、長時間労働者に対する医師による面接指導制度の認知度さえも、小規模事業所では大変低い状況です（図表２－２）。このようにメンタルヘルス施策が十分に行われていない企業では、メンタルヘルス不調者の数が「横ばい」とはいえないでしょう。企業に対するメンタルヘルス・コンサルティングを行っている筆者としても、メンタルヘルス対策を講じていない中小規模事業所のメンタルヘルス不調者の数は増えている印象を持っています。

つまり、企業におけるメンタルヘルス不調者の数については、各企業において十分な施策を講じているかどうかによって、その増減が変わるといえます。少なくともメンタルヘルス不調者を減らすためには、企業としてメンタルヘルス施策を講じる必要があります。

図表２－１　心の健康対策（メンタルケア）に取り組んでいない事業所計

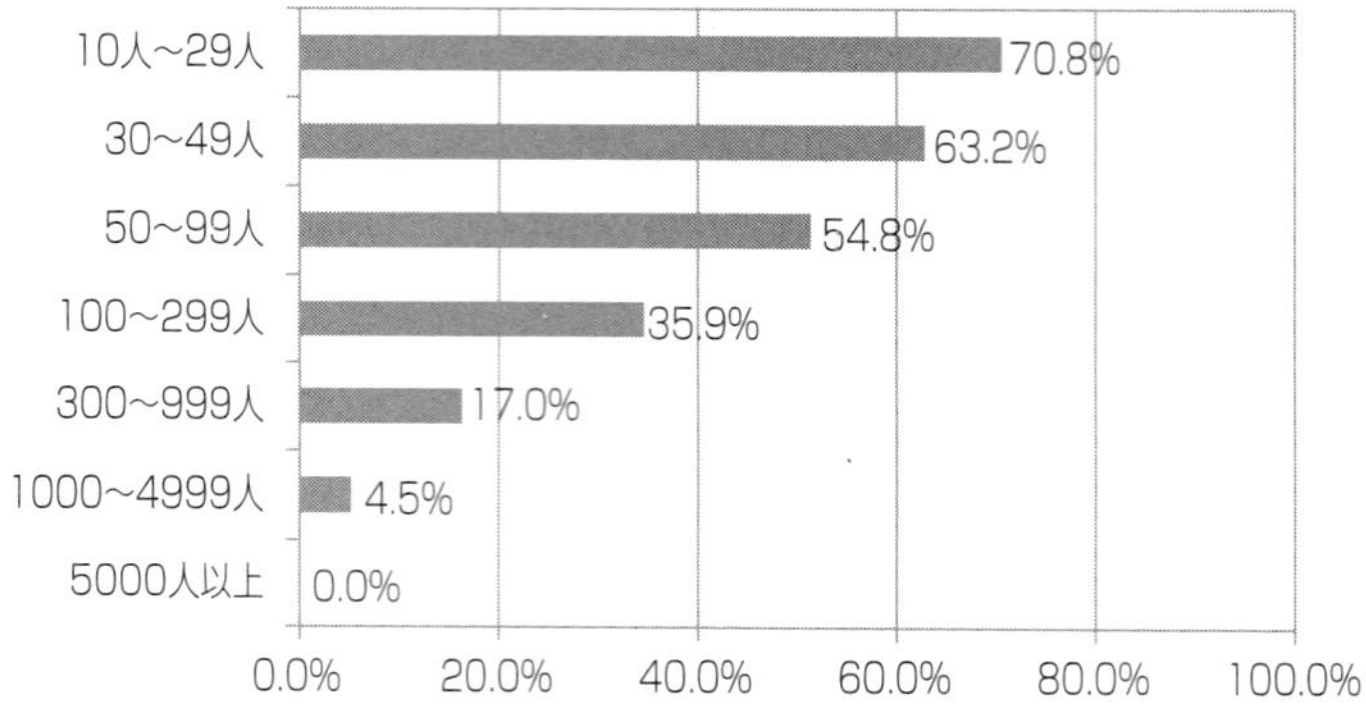

出所「労働者健康状況調査」厚生労働省，平成19年

図表２－２　長時間労働者に対する医師による面接指導制度を知らない事業所割合

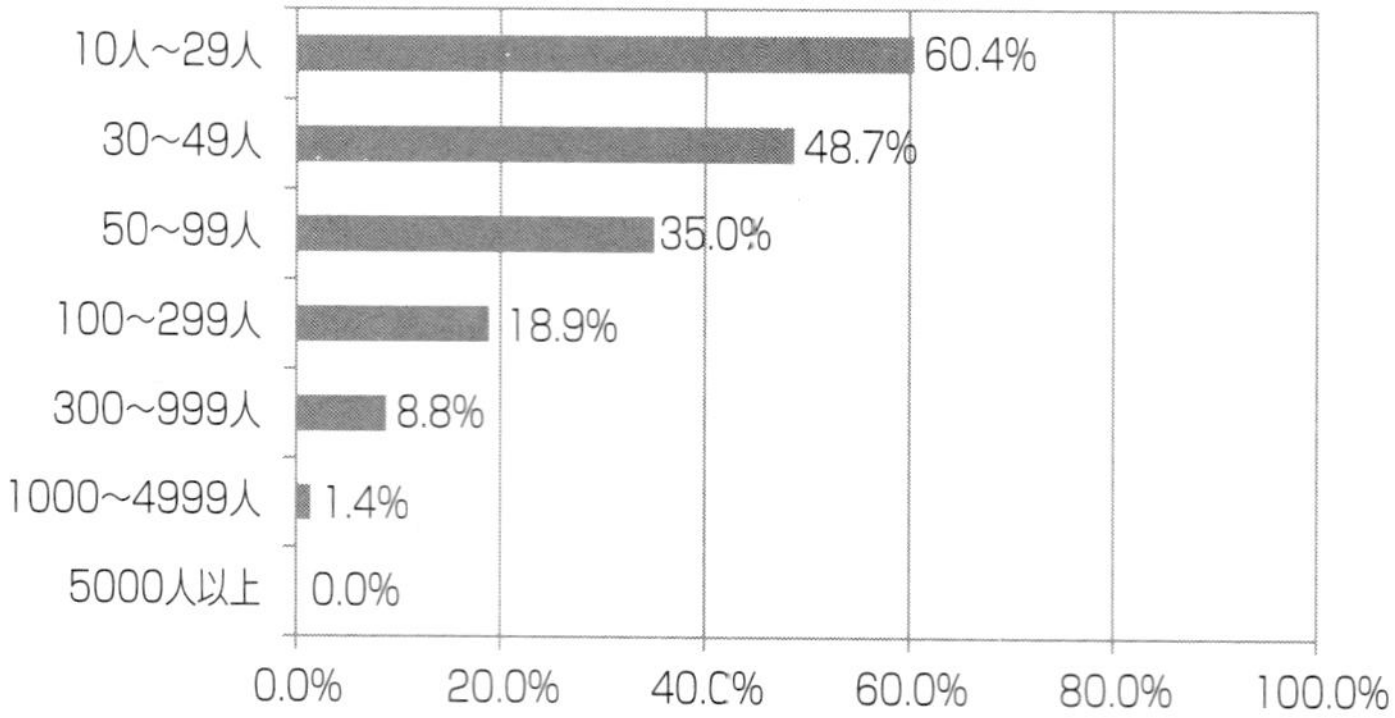

出所：「労働者健康状況調査」厚生労働省，平成19年

Ⅱ 企業はメンタルヘルス不調者をゼロにできるのか

メンタルヘルス不調とは、「精神および行動の障害に分類される精神障害や自殺のみならず、ストレスや強い悩み、不安など、労働者の心身の健康、社会生活および生活の質に影響を与える可能性のある精神的および行動上の問題を幅広く含むもの」（厚生労働省「労働者の心の健康の保持増進のための指針」２００６）と定義されています。つまり、メンタルヘルス不調とは、精神疾患のみではなく、勤怠問題、職場でのトラブル、職場の人間関係の問題、仕事に影響を及ぼす飲酒問題などを含めた心の健康状態を総称する用語です。

メンタルヘルス不調をなくすことを考える際には、この「精神疾患（精神障害）」と「職場で起こる問題」を分けて考える必要があります。小規模の企業を除けば、「精神疾患」をゼロにすることは不可能です。しかし、「職場で起こる問題」を限りなくゼロに近づけることは可能です。ここでは、その違いについて取り上げます。

なお、本書では、「メンタルヘルス不調」と「精神疾患（精神障害）」という2つの用語が出てきます。本来、この2つは意味が異なる用語ですが、本書ではわかりやすさを重視して、ほとんど同義として使用しています。

1 精神疾患の理解

まず、それぞれの精神疾患について簡単に説明します。精神疾患の説明について、あえて基本的な情報しか取り上げていませんが、その理由は本章のⅢで説明しています。

■うつ病

憂うつな気分や睡眠障害、心身の強い疲労感が続き、意欲、食欲、性欲などの生きるエネルギーが低下してしまう病気です。一般的にみられる症状は、次（図表2－3）のとおりです。

図表２－３　うつ状態でみられる症状

①	自分で感じる症状 憂うつ　気分が重い　気分が沈む　悲しい　不安である イライラする　元気がない　集中力がない 好きなこともやりたくない　細かいことが気になる 悪いことをしたように感じて自分を責める　物事を悪い方へ考える 死にたくなる　眠れない
②	周囲から見てわかる症状 表情が暗い　涙もろい　反応が遅い　落ち着かない 飲酒量が増える
③	体に出る症状 食欲がない　体がだるい　疲れやすい　性欲がない　頭痛 肩こり　動悸　胃の不快感　便秘がち　めまい　口が渇く

出所：宮岡等「内科医のための精神症状の見方と対応」医学書院，1995を改変

■ 双極性障害（昔は「躁うつ病」と呼ばれていた）

うつ状態に加え、うつ状態とは対極の躁状態も現れ、これを繰り返す病気です。昔は「躁うつ病」と呼ばれていましたが、現在では両極端な状態が起こるという意味の「双極性障害」と呼んでいます。なお、躁状態だけの場合もないわけではありませんが、経過の中でうつ状態が出てくる場合が多いです。

激しい躁状態では、ほとんど寝ることなく活動し続け話し続けることで、家族や同僚など周囲を疲労困憊させてしまったり、高額な買い物で多額の借金をするなど無茶なことをしたりして、社会的信用や仕事や家庭といった人生の基盤を損ねてしまうことがあります。

■ 適応障害

ある特定の状況や出来事が、その人にとって大変辛く耐え難く感じられ、そのために気分や行動面に症状が現れる状態を「適応障害」と呼びます。たとえば、不安感や抑うつ感が強くなるため、涙もろくなったり、過剰に心配したり、神経が過敏になったりします。また、無断欠席や無謀な運転、喧嘩、物を壊すなどの行動面の症状がみられることもあります。

ストレスとなる状況や出来事がはっきりしているので、その原因から離れると、症状は次第に改善するという特徴があります。

■ 不安障害

不安障害とは、精神疾患の中で不安を主症状とする疾患群をまとめた名称です。不安とは漠然とした恐れの感情で、誰でも経験するものですが、はっきりした理由がないのに、あるいは理由があってもそれと不釣り合いに強く、または繰り返し起きたり、いつまでも続いたりするのが病的な不安です。

なお、一般には「パニック障害」のほうが馴染みがあるかもしれませんが、それは不安障害のひとつです。

■統合失調症（昔は「精神分裂病」と呼ばれていた）

幻覚や妄想という症状が特徴的な精神疾患です。それに伴って、人々と交流しながら家庭や社会で生活を営む機能が障害を受け（生活の障害）、「感覚・思考・行動が病気のために歪んでいる」ことを自分で振り返って考えることが難しくなりやすい（病識の障害）、という特徴を併せ持っています。

慢性の経過をたどりやすく、その間に幻覚や妄想が強くなる急性期が出現します。

■アルコール依存症

アルコール依存症を一言でいうと、「家族、仕事、趣味、約束、地位、名誉などその人が大切にしてきたあらゆるものよりも飲酒を優先させてしまう病気」です。具体的には、飲酒のコントロールができない、離脱症状がみられる、健康問題等の原因が飲酒とわかっていながら断酒ができない、などの症状が見られます。

日本では、お酒に寛容な企業文化がありますが、パフォーマンス低下や人間関係のトラブル、睡眠障害やうつ病などの背景に、アルコールの問題があることは少なくありません。

2 なぜ「精神疾患」はゼロにできないのか

精神疾患は一定の割合で発生するものです。よって、当然従業員にも一定の割合で精神疾患にかかる人がいます。それが、企業における精神疾患をゼロにできない理由です。

日本におけるいずれかの精神疾患の12か月有病率（過去12か月に経験した者の割合）と生涯有病率（これまでに精神疾患を経験した者の割合）については、調査結果が公表されていますが、企業としてその結果を知ることにほとんど意味はありません。精神疾患の従業員全員のパフォーマンスが落ちているわけではありませんし、全員が精神科または心療内科に通院しているわけではありません。ましてや、全員が休職しているのでもありません。

よって、企業として押さえておくべき数字は、精神疾患による欠勤・休職者の割合です（図表2－4）。明らかに業務に支障をきたしていることが明確に数字で表れている事実を把握し、対策を講ずる必要があります。

図表2－4　メンタルヘルス不調のため1か月以上欠勤
している社員の全従業員数に対する割合

((　) 社，%)

区　　分	全　産　業				製造業	非製造業
	規模計	1,000人以上	300~999人	300人未満		
合　計	(147) 100.0	(65) 100.0	(54) 100.0	(28) 100.0	(67) 100.0	(80) 100.0
0%超0.5%未満	62.6	78.5	68.5	14.3	70.1	56.3
0.5%～1%未満	29.3	20.0	29.6	50.0	26.9	31.3
1　%　台	6.8	1.5	1.9	28.6	3.0	10.0
2　%　台	1.4			7.1		2.5
平　均 (%)	0.45	0.32	0.36	0.93	0.36	0.53
〈参考〉前回調査(08年)の平均(%)	0.49	0.40	0.43	0.94	0.42	0.54

注：各社における欠勤・休職者数を各社の全従業員数（パート・臨時社員を除く）で割り，分布と平均をみたものである。

出所：「企業におけるメンタルヘルスの実態と対策」労務行政研究所，2010

3 「職場で起こる問題」を限りなくゼロに近づける

2で取り上げたように、精神疾患は一定の割合で発生するものですから、小規模の企業を除けば、中長期的に精神疾患にかかっている社員をゼロにすることは不可能ですが、実はその点は企業にとって大きな問題ではありません。職場として問題になるのは、社員が精神疾患にかかることではなく、社員が精神疾患にかかることによって「職場としての問題」が起きることです。「職場としての問題」とは、勤怠問題、職場でのトラブル、職場の人間関係の問題、仕事に影響を及ぼす飲酒問題などを指します。つまり、「職場としての問題」が起きていないのであれば、社員が精神疾患であるかどうかという点は、企業にとって問題ではないのです。

これは、身体疾患を例に挙げると理解しやすいと思います。たとえば、糖尿病を患っている社員がいるとします。その社員が「糖尿病である事実」が企業にとって問題になるでしょうか。

医療費の負担という面では問題になるかもしれませんが、少なくとも現場では「糖尿病である事実」が仕事に問題をきたすことはありません。血糖値が安定しないことによって仕事中に低血糖発作が起きるなど、仕事に支障をきたすことが起きて初めて企業にとって問題となるのです。精神疾患も同様に考えればよいのです。殊に、精神疾患となると特別視してしまいがちですが、原則は身体疾患と同じ「疾患」として考えれば理解しやすくなります。

したがって、企業として着目すべき点は、「職場としての問題」が起きているかどうかという点になります。「職場としての問題」は、目に見えない精神疾患と異なり「表面化する問題」ですから、その問題が起きないように事前に対処することは可能です。

Ⅲ メンタルヘルス不調の何を理解すればよいのか

「メンタルヘルス不調の理解」について解説する際に、多くの類書では「精神疾患の説明」や「精神疾患にかかった社員の事例」に紙面を割くことが多いようです。

しかし、本書では、精神疾患の説明はごく基本的な情報しか取り上げていません。精神疾患に興味を持つ読者の方は物足りなさを感じるかもしれませんが、これには長く企業のメンタルヘルス・コンサルティングを行ってきた筆者の考えが背景にあります。それは、「企業におけるメンタルヘルス対策において、精神疾患についての知識は必要最低限で十分」、「精神疾患によって欠勤・休職している社員の割合を把握しておけば十分」という考えです。

まず、何のために必要最低限の知識を獲得する必要があるのか。それは、一定の理解によって精神疾患に対する誤解や偏見を軽減するためです。メンタルヘルス対策やメンタルヘルス不調者への対応において障害になるのは、ほとんどが誤解や偏見といっても過言ではありません。「全く何も知らないこと」や「誤った知識」が誤解や偏見を助長します。経営者や人事担当者、管理職がまず誤解や偏見をなくすことが、メンタルヘルス施策のスタート地点に立つことになるといえるでしょう。よって、まずは最低限の知識を獲得する必要があります。

もちろん個人的に関心のある方は深く学習しても構いません。しかし、精神疾患の知識を獲得することで、「プチドクター」や「プチカウンセラー」になってしまう人が少なくありません。そうなると、社内外の資源（メンタルヘルス・コンサルタント等）を活用することなく自己流で誤った対応をしてしまい、問題を悪化させてしまいます。非専門家である一般の方には、「悩み事レベル」と「病気レベル」の区別がつきにくいですから、このような問題が起きてしまうのです。中途半端に深い知識がかえって邪魔をするくらいであれば、はじめから最低限の知識だけで十分といえます。また、健康産業などメンタルヘルスに関連する商品を扱っていない限り、企業にとってメンタルヘルスの知識を獲得することは業務内容外といえます。業務内容外の知識獲得に注力するよりは、業務に関連する知識を獲得したり、マネジメント力を磨いたりするほうが有意義です。この点からもメンタルヘルスの知識は最低限で十分といえます。

次に、「精神疾患によって欠勤・休職している従業員の割合」ですが、この点は押さえておく必要があります。自社における精神疾患による欠勤・休職している社員の割合が多いか少ないかを判断する目的です。一般的な発生割合よりも多いのであれば、その企業では職場環境の問題など改善すべき課題があることが明白です。また、その段階からメンタルヘルス対策を講じることによって、精神疾患による社員の休職割合が減ったのであれば、対策の効果が出てきている証明になるでしょう。

では、メンタルヘルス不調の何を理解すればよいのでしょうか。それは「事例性で捉えること」

です。このことだけを理解すれば、精神疾患の知識が最低限で十分な理由が一層理解できます。

1 疾病性と事例性

企業におけるメンタルヘルス不調の問題を考えるにあたり、「疾病性」と「事例性」は大変重要なキーワードです。「病気であるかどうか、病気の程度」のことを「疾病性」といい、「職場で本人や周囲が困っているかどうか」を「事例性」といいます（図表2－5）。

殊に、メンタルヘルス不調に関しては、疾病性が優先される傾向があります。心配な社員が「病気であるのかどうか」という点にとらわれ、「職場で起こっている問題」になかなか関心が向きません。メンタルヘルス不調に関して、このような傾向に陥りがちなのには理由があります。それは、身体疾患や怪我と異なり、目に見えない病気で、基礎的な知識がなく、誤解や偏見があるという理由です。

人は「見えないもの」、「知らないもの」、「偏見を持っているもの」が怖いものです。怖くて落ち着いて対処ができないのです。ま

図表2－5　「疾病性」と「事例性」

疾病性……病気であるかどうか，病気の程度

事例性……職場で本人や周囲が困っているかどうか

メンタルヘルス不調に関しては，「疾病性」が優先される傾向

→職場においては，「事例性」を優先する。

た、非専門家である一般の方からみると、「悩み事」と「病気」の区別がつきにくいという理由もあります。「落ち込み」と「うつ病」、「不安感」と「不安障害」、「物忘れ」と「認知症」など、例を挙げればきりがないですが、こういった区別がつきづらいことも、身体疾患や怪我と違いメンタルヘルス不調が難しく捉えられる要因でしょう。よって、メンタルヘルス不調を「疾病性」で捉えてしまうと、対処に行き詰ってしまうのです。

では、どうすればよいのでしょうか。まずは、職場という場所が、「働く場所であり、労働契約を遂行する場所である」ことを前提として考えることが大切です。職場は職場であって、病院やリハビリ施設、カウンセリングルームではありません。誤解を恐れずにいえば、「病気を患っていても仕事をしてくれればよい」、それが職場という場所です。つまり、社員が病気であるかどうかは職場としては問題ではなく、社員が仕事をしてくれるかどうかが問題なのです。身体疾患や怪我の場合は、このような前提で対処ができているのですから、メンタルヘルス不調においても同様に考えればよいのです。

その前提に立った上で、「事例性」に注目します。職場においては、労働契約を遂行してもらうことを求めるのですから、問題となるのは「疾病性」ではなく「事例性」となります。

＜ケース1＞で、疾病性と事例性の違いについて考えていきましょう。

〈ケース1〉

40歳代の男性社員です。新しい仕事を与えられたときや納期が迫ってくると、毎回泣き顔で「自分には無理です」と上司に言ってきます。しかし、励ましたりなだめたりすると、最低限の成果は出します。また、周囲からの印象としては、「いかに自分が嫌な仕事をしないですむか」ということばかりを考えているように見えます。

気分の波も激しく、イライラしているときは誰とも話さず、機嫌の良いときは皆の輪に入って談笑します。特に気分の波が激しいのは酒席で、酔って泣き崩れたり横柄な態度になったりします。

この事例を読んで、どのように感じましたか。「少し変わった人だな」、「扱いにくい人だな」というのが、誰もが思うところでしょう。そして、その先に分かれ道があります。つまり、疾病性で捉える人と事例性で捉える人に分かれます。

疾病性で捉える人は、「メンタルヘルス不調なんじゃないのか？」、「精神科を受診させたほうがいい」、「メンタルの薬が必要なのでは？」などと思うでしょう。一方で、事例性で捉える人は、「職場で本人や周囲が困っているか」、「本人や周囲の仕事に支障をきたしているか」と考えます。そして、職場で問題となっているのであれば、解決のための方法を探ることになり、場合によっては専門家につなぐための方法を検討することになります。

このように、職場において疾病性で捉えたとしても、何の問題解決にもなりません。目に見える行動を見えないものとして捉えようとすることで、自ら迷宮入りさせているようなものです。一方で、職場において事例性で捉えると、困っているか困っていないか、仕事に支障をきたしているかきたしていないか、という明確な判断基準がありますので、その後にとるべき対応がわかりやすくなります。疾病性とは逆に、目に見える行動を客観的事実として捉えているといえるでしょう。

そして、事例性で捉えた結果、「少し変わった社員だけど、そういう人だと皆が許容し、上司も同僚も顧客も本人も特に困っていない」という判断となれば、職場として問題なしということになります。一方で、最低限の成果を出していても、周囲が気持ち悪がって人間関係に支障をきたし、仕事にも影響を及ぼしているのであれば、職場としての問題がある、という判断になります。

2 疾病性と事例性　それぞれの対応例

■ 疾病性で対応したケース　管理職Aさんの場合

＜ケース2＞

職場でのYさんは、この2週間どうも元気がない様子だった。以前は報告書を3日で仕上げていたし、誤字もみられないという仕事ぶりだった。しかし、先週の報告書の提出に1週間以上かかり、誤字も散見された。そこで、管理職Aさんは、Yさんに声をかけ心配している旨を伝えた。

それに対してYさんは、「この2週間眠れていなくて集中力がないんです。それでパフォーマンスが落ちているのだと思います。」と話した。

「眠れてない」と聞いたAさんは、心配になり、うつ病ではないかと考えた（思い込んだ）。そして、Yさんの話を聞くことなく、うつ病の可能性があるからと精神科の受診を勧め、うつ病の人には仕事はさせられないと考え、Yさんの仕事を引き取った。うつ病と言われ、仕事まで引き取られたYさんはショックを受けて、翌日から会社に来なくなった。

この管理職Aさんは、「部下のYさんが眠れてないこと」に注目しました。正確には、その点だけが印象に残ってしまったといえるでしょう。睡眠障害は、メンタルヘルス不調の代表的な症状ですので、眠れない＝メンタルヘルス不調という考えに至ったのだと推測されます。つまり、管理職Aさんは、Yさんの状態を病気であるかどうかという観点（疾病性）で捉えたのです。

疾病性で捉えてしまった結果として、管理職Aさんは「何とかしなくては」、「万一自殺でもされたら、どうしよう」などと考えてしまい、対応を焦っている様子がわかります。対応を焦った結果、Yさんのパフォーマンス低下に関する客観的な情報を収集することなく、Yさんの言い分や気持ちを聞くこともなく（聞ける余裕なく）、病院を勧めるという対応をしてしまったのです。

部下の立場としては、いきなり「あなたはうつ病です」と評価者である上司から言われたようなものですから、相当なショックだったことが想像できます。部下の立場としては、パフォーマンスの低下をどう改善するかという視点ではなく、「うつ病とレッテルを張られた」、「これからもずっと上司からそういう目で見られるのだ」といった思いしか残らなかったかもしれません。

■ 事例性で対応したケース　管理職Bさんの場合

〈ケース3〉

職場でのYさんは、この2週間どうも元気がない様子だった。以前は報告書を3日で仕上げていたし、誤字もみられないという仕事ぶりだった。しかし、先週の報告書の提出に1週間以上かかり、誤字も散見された。そこで、管理職Bさんは、Yさんに声をかけ心配してる旨を伝えた。それに対してYさんは、「この2週間眠れていなくて集中力がないんです。それでパフォーマンスが落ちているのだと思います。」と話した。

「集中力がない」と聞いたBさんは、報告書提出の遅れや誤字が増えた事実をもとに、Yさんの気持ちを十分に聞いた。その上で、課題解決の思考で、集中力回復のために現実的に何ができるかを話し合った。その結果、Yさんは自ら「まず眠れるようになることが必要だと思います」と話した。それを受けてBさんは、社内外相談窓口の情報をYさんに伝えた。その間、管理職のBさんは、パフォーマンスが改善した場合の観察期間や改善しないときの業務分担の見直しなどを考え、方針を決めておいた。

その後、Yさんは自らの意思で相談窓口に相談し、そこで紹介された医療機関で睡眠薬を処方してもらった。数日後、Yさんは眠れるようになることで集中力が回復し、以前の仕事ぶりに戻った。結果として、管理職のBさんは、Yさんに任せている業務の見直しなどを行うことなく、時折声をかけながら経過観察をすることにした。

この管理職Bさんは、「部下のYさんの集中力の低下とそれに伴うパフォーマンス低下」に注目をしました。つまり、事例性で捉えていることがわかります。管理職Bさんは、報告書提出の遅れや誤字が増えたことなど、誰が見てもわかる客観的事実をもとに話を進めています。客観的事実をもとに話を進めれば、指摘されたYさんとしても事実を認めざるを得ないですし、改善のための話し合いに展開しやすいのです。

このように、事例性で捉えた結果として、部下のYさん自身も「職場で起こっている問題」（ここでは、集中力の低下によるパフォーマンス低下）を理解することができました。往々にして自身では気づいていないものですから、管理職のBさんによる事例性に基づいた声かけが功を奏したといえます。また、職場で起こっている問題を上司と共有することで、その解決のために何ができるのかを具体的に考える段階までスムーズに進むことができました。また、管理職のBさんにとってもYさんの業務見直しなどの新たなマネジメント業務が増えることがなかったので、管理職としての負荷軽減にもなりました。

職場で起こっている問題の解決という目的が明確ですから、上司も部下も焦点を絞った面談が機能したといえるでしょう。つまり、メンタルヘルス不調という点にとらわれず、通常の業務の問題を解決する際のいつも通りのマネジメント・プロセスを行えばよいといえます。

ところで、職場においては、客観的事実をもとに話を進めることが、メンタルヘルス・マネジメントに留まらず、あらゆる対応におけるポイントとなります。問題点を指摘する際は特に、主観的情報だけでなく客観的情報を用意しておくことが大切です。主観的情報だけでは、言われたほうは具体的にどのことを指摘されているのか、何を改善すればいいのかなど理解しづらいことがあります。また、主観的情報だけですと、相手はいくらでも否定することができますので、指導や対応が行き詰ることがあります。それぞれの具体例は、次（図表2－6）のとおりです。

余談ですが、言った・言わないの水掛け論になるような社員の場合は、面談の内容を毎回記録にとり、2人以上で面談に臨むことがポイントです。その記録と複数名の証言という客観的事実をもとに対応を進めていくと、問題解決に向けて建設的な話し合いができるでしょう。また、そのような関わりは、その後のトラブル防止にも役立ちます。

図表2－6　客観的事実をもとに進める対応

■ 相手の理解を促すための客観的事実

× 「もっと頑張ってもらわないと！」

→十分に上司の意図が伝わっていないことが多い。

○ 「営業のアポイントメントをとる際の積極性が足りないと思う。商品のメリットをひとつでも説明するとか，お客様の困りごとをもっと突っ込んで探るとか，そういう点を頑張ってもらわないと！」

→課題が明確になるので，自分でも対応策が練りやすいし，具体的な行動として次につながりやすい。管理職に余裕があるときは，その仕事の意味や仕事における行動の意味まで伝えると，より理解は深まる。

■ 相手に否定して逃げられないための客観的事実

× 出社時に酒の臭いがしていることを指摘する

→朝から飲酒している疑いが濃厚でも，本人は「二日酔いのため」，「昨夜は一杯しか飲んでいない」などと，いくらでも否定できる。

○ 勤怠問題，仕事上のミス，同僚との人間関係でのトラブルなどを捉えて，その点を注意する。

→飲んでいる・飲んでいないという本人しかわからない事実ではなく，誰が見てもわかる客観的事実を伝えることで，結果として「飲酒による問題」と本人に理解させることができる。

話を戻して、〈ケース2〉と〈ケース3〉の違いについて整理すると、次（図表2－6）のようになります。疾病性での対応と事例性での対応の違いは、「職場としての役割」と「管理職としての役割」をどう捉えるかという違いです。疾病性で対応した管理職Aさんは、専門家が行うべきことまで職場で引き受けることで事態を悪化させてしまいました。事例性で対応した管理職Bさんは、職場で行うべきことと専門家が行うべきことを分けて考え、自身は職場における役割に専念した結果、事態は好転しました。

疾病性の〈ケース2〉は、少々極端な例のように思われるかもしれませんが、企業のメンタルヘルス・コンサルティングを行っている筆者としては、管理職Aさんのように疾病性優位な人は企業の中に多く存在しているといわざるをえません。

また、事例性の〈ケース3〉は、対応があっさりし過ぎていて冷たい印象があるので抵抗があるという方に理解を深めていただくために、Q＆Aを用意しました。

図表2－7　AさんとBさんの対応は何が違うのか

	管理職Aさん	管理職Bさん
捉え方	疾病性	事例性
着眼点	「Yさんが眠れないという事実」がパフォーマンス低下の背景あると考えた	「Yさんの集中力低下」がパフォーマンス低下の背景にあると考えた
原因検討	眠れないのは，うつ病が原因だと考えた	集中力低下は，眠れていないことが背景にあると考えた
対応	・話を聞かなった（対応を焦って聞けなかった） ・すぐに精神科受診を勧めた ・仕事を引き取った	・まずはじっくりと話を聞いた ・通常のマネジメント・プロセスと同様，問題解決のために話し合いを行った ・Yさんの自己決定を後押しする助言を行った
役割分担	専門家の役割を管理職が行った	専門家の役割（強み）と管理職の役割（強み）を分けて対応した
結果	翌日からYさんは欠勤となった	Yさんは問題解決を行い，元の仕事ぶりに戻った
その後の管理職の負担	Yさんの欠勤への対応，Yさんの業務の引継ぎや割り振りなど，負荷が高まる	声かけと経過観察のみで，負荷はほとんど変わらない

■事例性についてのQ&A

Q1　事例性の対応は、ビジネスライクであまりにも冷たい対応のように見えるが……？

A1　紹介した〈ケース3〉のとおり、メンタルヘルス・マネジメントとしては、「まずはじっくりと話を聞くこと」が必須です。話を聞かずして事例性で対応するのは、ラインケアとはいえません。管理職は、相手に関心を持ってじっくりと話を聞くというプロセスで温かみを示すことができますので、決して冷たい対応ではありません。また、〈ケース2〉のように疾病性で対応すると、管理職が問題解決を焦り、話を聞かずに対応してしまうことが少なくありません。部下としては、そのほうが冷たく感じてしまうものですし、場合によっては管理職に対して相談しても仕方がない、という思いを抱くかもしれません。また、疾病性での対応では、結局何も問題は解決しません。

Q2　結局専門家にお願いするのだから、事例性での対応も疾病性による対応と同じなのでは？

A2　もっとも大きな違いは、疾病性と事例性の対応プロセスの違いです。管理職が病気に囚われてしまうこと（疾病性）で、マネジメントの方向性が見えなくなります。また、疾病性で対応することで、専門家が担う役割も管理職が担うことになり、管理職の役割が不明確になったり、管理職の負荷が高まったりします。さらに、疾病性の場合は、部下の受け取り方や、その後の管理職との信頼関係にも悪影響を及ぼします。その後の部下の様子も全く異なります。よって、事例性での対応は、疾病性における対応とは全く異なります。

Q3　部下が病気のことを話し始めたら、どうすればいいの？

A3　病気による「つらい気持ち」は真摯な姿勢で聞いてください。しかし、病気そのものの理解や治療については、管理職の仕事ではありません。気持ちを十分に聞いた上で、「事例性の視点」で話を進めます。そして、人事部や専門家などとの適切な役割分担を意識して対応を助言するという手順で進めます。なお、身体疾患にしろ精神疾患にしろ、病気の話を聞くことは気持ちが減入ることですので、最小限の関係者と情報共有をして、管理職が一人で抱え込まないことも大切です。

3　メンタルヘルス不調への対応はシンプルだ

事例性の考え方を理解することで、メンタルヘルス不調の問題をかなりシンプルに捉えることができます。ドイツの考古学者Ｃ・Ｗ・ツェーラムは「天才とは、複雑なものを単純化する能力のことである」といっていますが、シンプルに考えれば苦手意識は減り、迷うことが少なくなるものです。皆さんが日々の業務で実践している「単純化」をメンタルヘルス不調の対応においても実践すればよいのです。

単純化するために、とにかく「疾病性」ではなく「事例性」で考えて行動するクセをつけるようにしてください。何か困ったことが起きたら、「病気」と捉えるのではなく「何が問題で、解決ために何をするべきか」という考え方です。

「事例性」の考え方を習得すれば、メンタルヘルス不調の対応は大変シンプルになりますが、さらにシンプルにするための３つの考え方を紹介します。事例性の考え方と重なるところもありますし、事例性の考え方の応用編でもあります。

さらにシンプルに捉えるための３つのポイント

① 「目に見えることだけ」を捉える　→　50ページ
② 身体疾患と概ね同じ対応でいい　→　53ページ
③ 役割理解と役割分担　→　58ページ

① 「目に見えることだけ」を捉える

メンタルヘルス関連の書籍には、「メンタルヘルス不調の早期発見・早期対応のために、社員の変化、部下の変化に気づきなさい」とよく書かれています。大切なのは、どのような変化に気づく

郵 便 は が き

料金受取人払郵便

落合支店承認

4009

差出有効期間
2015年 8 月31日

(期限後は切手をおはりください)

161－8780

東京都新宿区下落合2-5-13

㈱ 税務経理協会

社長室行

お名前	フリガナ	性別	男 ・ 女
		年齢	歳
ご住所	□□□-□□□□ TEL ( )		
E-mail			
ご職業	1. 会社経営者・役員 2. 会社員 3. 教員 4. 公務員 5. 自営業 6. 自由業 7. 学生 8. 主婦 9. 無職 10. 公認会計士 11. 税理士 12. その他 ( )		
ご勤務先・学校名			
部署		役職	

ご記入の感想等は，匿名で書籍のＰＲ等に使用させていただくことがございます。
使用許可をいただけない場合は，右の□内にレをご記入ください。 □許可しない

ご購入ありがとうございました。ぜひ、ご意見・ご感想などをお聞かせください。
また、正誤表やリコール情報等をお送りさせて頂く場合もございますので、
E-mail アドレスとご購入書名をご記入ください。

この本のタイトル	

Q1　お買い上げ日　　　　　年　　　月　　　日
　　ご購入方法　1．書店で購入（書店名　　　　　　　　　　　　　　　　　）
　　　　　　　　2．インターネット書店　　3．当社から直接購入

Q2　本書のご購入になった動機はなんですか？（複数回答可）
　1．店頭でタイトルにひかれたから　2．店頭で内容にひかれたから
　3．店頭で目立っていたから　　　　4．著者のファンだから
　5．新聞・雑誌で紹介されていたから（誌名　　　　　　　　　　　　　　）
　6．人から薦められたから
　7．その他（　　　　　　　　　　　　　　　　　　　　　　　　　　　　）

Q3　本書をお読み頂いてのご意見・ご感想をお聞かせください。

Q4　ご興味のある分野をお聞かせください。
　1．経営　　2．経済・金融　　3．財務・会計
　4．流通・マーケティング　　5．株式・資産運用
　6．知的財産・権利ビジネス　　7．情報・コンピュータ
　8．その他（　　　　　　　　　　　　　　　　　　　　　　　　　　　　）

Q5　カバーやデザイン、値段についてお聞かせください

①タイトル	1良い	2目立つ	3普通	4悪い
②カバーデザイン	1良い	2目立つ	3普通	4悪い
③本文レイアウト	1良い	2目立つ	3普通	4悪い
④値段	1安い	2普通	3高い	

Q6　今後、どのようなテーマ・内容の本をお読みになりたいですか？

ご回答いただいた情報は、弊社発売の刊行物やサービスのご案内と今後の出版企画立案の参考のみに使用し、他のいかなる目的にも利用いたしません。なお、皆様より頂いた個人情報は、弊社のプライバシーポリシーに則り細心の注意を払い管理し、第三者への提供、開示等は一切いたしません。

のかということです。もし、社員や部下の表情、感情、口数、服装、化粧などの変化に気づかなければならないのであれば、周囲の人にとってそれほど酷な話はありません。たとえば、管理職の場合は、誰よりも自分自身が多忙で一人一人の部下に目が届きにくくなっています。そのような管理職に、「変化に気づく」などというのは大変難度が高い話です。さらに、営業所などが離れている部下の場合には、なおさら難しいことです。にもかかわらず、類書にはそこに気づくように書かれていることが多く、企業のメンタルヘルス・コンサルティングをしている立場としては、あまりに現実離れしている対応方法と思わざるを得ません。

　では、どのような変化に気づけば、メンタルヘルス不調の早期発見・早期対応ができるのでしょうか。事例性の考え方と似ていますが、「目に見えること」の変化に気づけばよいのです。「目に見えること」とは、社員や部下のパフォーマンスといいかえることができます。出勤状況（連続欠勤、無断欠勤、遅刻、早退、フレックスの状況、有給休暇の消化状況など）、作業能率、顧客への対応、会議での発言頻度・発言内容、報告書の質やスピード、メールのレスポンス速度、誤字脱字、職場内での口論、顧客や他社員からの苦情などが挙げられます。これら「目に見えること」には、２つの特徴があります。

「目に見えること」の2つの特徴

(i) 客観的事実として確認しやすいので、介入がしやすい
(ii) 日常のマネジメントにおける対応でカバーできる

(i)は、事例性の考え方と同様、客観的事実として確認できますので、注意指導などの介入がしやすいことです。表情や感情などの変化の場合は、気づいたとしても声をかけづらいことがありますし、あくまで観察者の主観に過ぎません。よって、それが正しいかどうかわからないまま介入せざるを得ません。しかし、「目に見えること」は、「以前の仕事ぶり」さえ把握していれば、客観的事実として変化（以前との比較による変化）に気づくので、介入がしやすいという特徴があります。

(ii)は、マネジメント等の場面において日常的に行っていることなので、特別な対応を行う労力が省けることです。メンタルヘルス不調の対応と聞くと、新たに対応をプラスしなければならない、特別なスキルを獲得しなければならないというイメージが強いかもしれませんが、「目に見えること」を捉えれば、いつも通りの対応で済むというメリットがあります。

しかし、「目に見えること」と捉える対応方法は、実は対応する人にとって、大変厳しい対応方法ともいえます。なぜならば、この点ができていないということは、メンタルヘルス不調の早期発見・早期対応どころではなく、マネジメント等の日常の関わりができていないということに他ならないからです。つまり、社員や部下のパフォーマンス全般を把握できていないことを意味します。

よって、考え方としては、メンタルヘルス不調の早期発見・早期対応のために「目に見えること」を捉えて対応するのではなく、「目に見えること」を捉えて対応できていることが当然で、それが結果としてメンタルヘルス不調の早期発見・早期対応になるといえます。

② 身体疾患と概ね同じ対応でいい

事例性の説明を行う際に少し触れましたが、メンタルヘルス不調の対応は身体疾患を抱えた社員への対応と概ね同じように考えてかまいません。厳密にいえば、疾患による対応の違い、個別対応の違いなどがありますが、シンプルに考えるために「概ね同じ」と考えてください。

ここでは4つの質問を投げかけながら、対応の単純化を進めていきます。

Q1　糖尿病の社員にインスリン注射の時間を指摘してあげますか？

よほど親切な人でも、そのようなことはしないでしょう。それはなぜでしょうか。それは、「他人の病気のことはよくわからない」という考えや「病気は自己管理するもの」という認識があるからです。

それなのに、なぜメンタルヘルス不調の場合は、「お昼の薬は飲んだのか」、「薬はちゃんと飲んでいるのか」などと聞く人がいるのでしょうか。本当に不思議です。身体疾患であれば当たり前のことが、精神疾患になると、途端に対応が変わってしまうのです。以下の Q2 から Q4 も同様ですが、メンタルヘルス不調への対応を特別視することで、知らず知らずに職場でやらなくてもよいことをしてしまっているのです。

では、メンタルヘルス不調者の服薬の問題に対しては、どのように対応すればよいのでしょうか。答えはシンプルです。身体疾患と同じ対応でよいのです。つまり、「服薬は自己管理するもの」と考え、介入する必要はありません。職場としては、本人のパフォーマンスに着目し、その変化を材料に介入すればよいのです。パフォーマンス低下の背景に服薬管理ができていないことがわかった場合は、本人からその事実を主治医などの専門家に伝えるように指示するか、管理職等が連携をとっている相談窓口があれば、管理職から相談窓口に情報提供しておけば十分です。その後は専門家が対処します。

Q2　高血圧の社員が通院している病院の治療内容に口を挟みますか？

もし口を挟む人がいるとしたら、自らも高血圧の経験がある人くらいでしょう。基本的には、多くの人は、他人の治療内容に口を挟んだりしません。それはなぜでしょうか。それは、「他人の病気のことはよくわからない」という考えや「治療方針は主治医に任せるもの」という認識があるからです。

それなのに、メンタルヘルス不調の場合は、「その医者は薬を出しすぎだ」、「もっと話を聞いてくれる医者に替えた方がいい」などと、専門家ではないにもかかわらず、治療方針に口を挟んでしまう人が少なくありません。この背景には、「精神科医や心療内科医はじっくりと話を聞いてくれるもの」というイメージや「話を聞いてあげれば病気は良くなるはず」という考え方があると推測されます。

前者のイメージについては、内科と同じように考えください。精神科も心療内科も医療機関です。保険点数の関係で、短時間で多くの患者を診なければならないのは同じです。もちろん、内科よりも長い時間をかけて診察をしますが、カウンセリングのように1時間じっくりと話を聞くというのは、初診以外では考えにくいです。そのことを知れば、「精神科医や心療内科医はじっくりと話を聞いてくれるもの」というイメージで本人に話すことが、ほとんど意味のないことだとわかります。後者の「話を聞いてあげれば病気は良くなるはず」という考えの背景には、悩みと病気の区別がついていないことが挙げられます。悩みであれば、確かに話を聞いてあげることで相手が楽になることが多いでしょう。しかし、病気の場合は、話を聞きすぎることがかえって病状を悪化させることもあります。よって、どの段階でどの程度話を聞くのがよいかは医師やカウンセラーなどの専門家に任せればよいことで、必要に応じて専門家の助言をもらいながら本人の話を聞くことが大切です。

Q3 貧血で倒れた社員の対応にひどく迷うことがありますか？

目の前で部下や同僚が貧血で倒れたら、とても驚くと思います。それは自然な反応です。しかし、その後多くの人は、適切に対処ができるものです。たとえば、頭を打っているかどうかを確認する、舌を噛んでいないかを確認する、意識があるかどうかを確認する、救急車を呼ぶか医務室に連れて行くかを判断する、早退させるか休んでから仕事させるかを判断する、家族に迎えに来てもらうか一人で帰すかを判断する、診察結果を報告させる、翌日の出勤を検討する、などが挙げられます。完璧にできなくても、それなりにポイントを押さえて対処できるものです。また、このように貧血で倒れることを想定して、その対処方法を事前に専門家に聞くことはしません。

しかし、パニック障害等のメンタルヘルス不調で倒れた場合は、周囲の人は必要以上に慌てます。同じ「倒れた」という事態にもかかわらず、その原因がパニック障害であると思った途端に、貧血のときのような適切な判断を欠くことが少なくありません。また、パニック障害で倒れたときのことを不安視し、事前に専門家に相談する人も少なくありません。

やはり、ここでも同じように考えます。目の前で部下や同僚が倒れたという事実に対して、適切な処置をする。それができれば十分です。あとは、パニック障害で倒れた事実を本人から専門家に相談させればよいのです。

Q4　身体疾患で入院していた社員に対して復帰後の声かけに悩むことがありますか？

病気で入院していた部下や同僚が職場復帰をしてきたとき、どのように声をかけますか。「もう大丈夫なの」、「無理しないでね」、「ぼちぼちでいいよ」、「少しずつ慣らしていけばいいよ」、「困ったことがあったら言ってね」といったところでしょうか。ほとんどの人が心配し、優しく声をかけることでしょう。そして、そのときに声かけの内容について言葉は選んでも、ひどく悩むことはないと思います。

しかし、メンタルヘルス不調で休職した社員が職場復帰をしてきたときは、「一体どのように声をかけてよいのかわからない」と悩む人が少なくありません。同じように病気で休んで復帰したにもかかわらず、ここでもメンタルヘルス不調を特別視してしまうのです。

何も特別な声かけをする必要はありません。身体疾患のときと同じように声をかけてあげればよいのです。

Q1から**Q4**を読んで、メンタルヘルス不調者への対応を特別視することで、かえって対応を迷わせていたことに気づくと思います。そして、メンタルヘルス不調の対応を身体疾患と同じように考えることで対応手法が単純化されますので、対応に迷うことも減ると思います。メンタルヘルス不調の対応が難しいと感じたときは、「身体疾患と概ね同じ」ということを思い出して対応してみてください。自分の中にそのような指針があるだけで、気持ちも実際の対応も随分と楽になるものです。単純化によって周囲の人が楽になれば、自分たちの仕事に専念でき、職場全体のパフォーマンスの向上が期待できます。

③ 役割理解と役割分担

さらに、シンプルに捉えるための３つ目の方法として、「役割理解と役割分担」を挙げます。これはメンタルヘルス不調をシンプルに捉えた後のシンプルな対応といえます。メンタルヘルス不調をシンプルに捉えたら、その後どのように対応すればよいのかという疑問が出てきます。そのときは、まず自らの役割を考えることです。経営者として人事スタッフとして管理職として、メンタルヘルス不調者に対してどのような役割を担うべきかを考えるのです。

たとえば、一人暮らしの部下が遅刻ばかりするときに、毎朝電話をかけて起こしてやることは、管理職の役割（管理職の仕事）でしょうか。それは社員本人または家族の役割であって、管理職の役割でありません。また、人事スタッフが社員と面談をしている際に病気の症状について本人が話してきたとき、それは人事スタッフが深く掘り下げて聞くことでしょうか。それは専門家の役割であって、人事スタッフの役割ではありません。このように、職場において自らに与えられている役割は何かを冷静に考え、自らの役割に徹し、役割以外のことは適切なところに「橋渡し」しなければなりません。この点を誤ると（対応を複雑化すると）、本来の役割以外の膨大な業務を抱えることになりますし、結果としてメンタルヘルス不調者への対応も不適切なものとなります。

また、「橋渡し」を適切に行えるためにも、「誰にどのようにつなぐのか」を知る必要があります。つまり、社内外の相談窓口等を把握しておく必要があります（第４章参照）。このこともシンプルに考えれば、通常業務と何ら変わりのないことです。業務の目的を達成するために、他部門と連携したり、社内外の専門家に相談したり、適切な助言者につないだり、有用な情報提供を行ったりしていると思います。自らの役割を理解し、自らがすべてを抱えることなく、あらゆる資源を活用しながら問題解決を進めていく。このように、皆さんが通常行っていることをメンタルヘルス不調の対応においても適用すればよいだけです。メンタルヘルス不調を特別視せず、シンプルに捉えればよいのです。

事例性の考え方の他に、メンタルヘルス不調者への対応を単純化する方法について3つお伝えしました。メンタルヘルス不調に対する苦手意識が軽減し、難しく捉えなくてもよくなったのではないでしょうか。もちろん、単純化だけでは対応がうまくいかないこともあると思います。しかし、知らず知らずのうちに複雑化してしまうメンタルヘルス不調だからこそ、原則は単純化という意識を持ってほしいのです。

単純化の一番の目的は、職場という働く場所を機能させることです。メンタルヘルス不調の対応に追われることで、周囲が戸惑い、疲弊し、パフォーマンスが低下する。これだけは避けなければなりません。何のための単純化か、を忘れないでください。

第3章

対策において予防をシフトする

I　メンタルヘルス対策の「予防の三段階」

メンタルヘルス対策の考え方として、「予防の三段階」というものがあります。あらゆる疾患の予防は、一次予防、二次予防、三次予防の３つに整理して考えます（図表３－１）。一次予防とは、病気そのものの発生を予防して、発生率を減らすことです。二次予防とは、早期発見・早期対応（治療）により、精神疾患になる人や職場で問題を起こす人を減らすことです。三次予防とは、病気の悪化や病気の結果として起きうる影響を減らすことや再発予防のことです。

ここでは、予防のそれぞれの段階において、企業としてどのような対策を講じることができるかを、三次予防、二次予防、一次予防の順にお伝えします。

メンタルヘルス対策は、実にさまざまな取り組みがあります。やみくもに思いつきで始めても効果は期待できませんから、それぞれの予防の段階ごとに整理して、各事業所における取り組みを進めていく必要があります。

図表３－１　予防の三段階

予防の３段階	予防の定義	職域のメンタルヘルスにおける活動内容
三次予防	病気の結果として起きうる影響（生活障害や社会的不利）を減らす	職場復帰支援の一連のプロセスや再発予防活動を指す
二次予防	病気が発生したとしても，早期発見・早期対応（治療）をして有病率を減少させる（病気にかかったままの人を減らす） また，職場で問題が起きることや問題が大きくなることを防ぐ	職場環境改善のための工夫，ストレスチェック，長時間労働面談などを指す
一次予防	病気の発生そのものを予防して発生率を減少させる	健康の保持増進，生産性の向上，ワーク・ライフ・バランスの推進などを指す

Ⅱ メンタルヘルス対策における三次予防

1 職場におけるメンタルヘルス対策の取り組み状況

「職場におけるメンタルヘルス対策に関する調査」（独立行政法人　労働政策研究・研修機構、2012）によると、メンタルヘルス対策に取り組んでいる企業は半数しかありません（図表3－2）。また、企業におけるメンタルヘルス施策の取り組み状況は、事業所規模が小さくなるに従って実施されている割合が低くなっています。

メンタルヘルス対策に取り組んでいない事業所がその理由（複数回答）として挙げているのは、「必要性を感じない」が42・2％と最も高く、次いで「専門スタッフがいない」（35・5％）、「取り組み方が分からない」（31・0％）などとなっています。企業規模が小さいところでは、「経費がかかる」などの理由が多くなっています。さらに、過去1年間にメンタルヘルス不調で1か月以上の休職または退職した労働者がいる事業所では、「取り組み方が分からない」という理由が52・1％と過半数に達しています（図表3－3）。

リスクマネジメントとしてメンタルヘルス対策を行うべき時代に「必要性を感じない」というの

図表3－2　メンタルヘルスケアの取り組み有無（産業別，企業規模別）

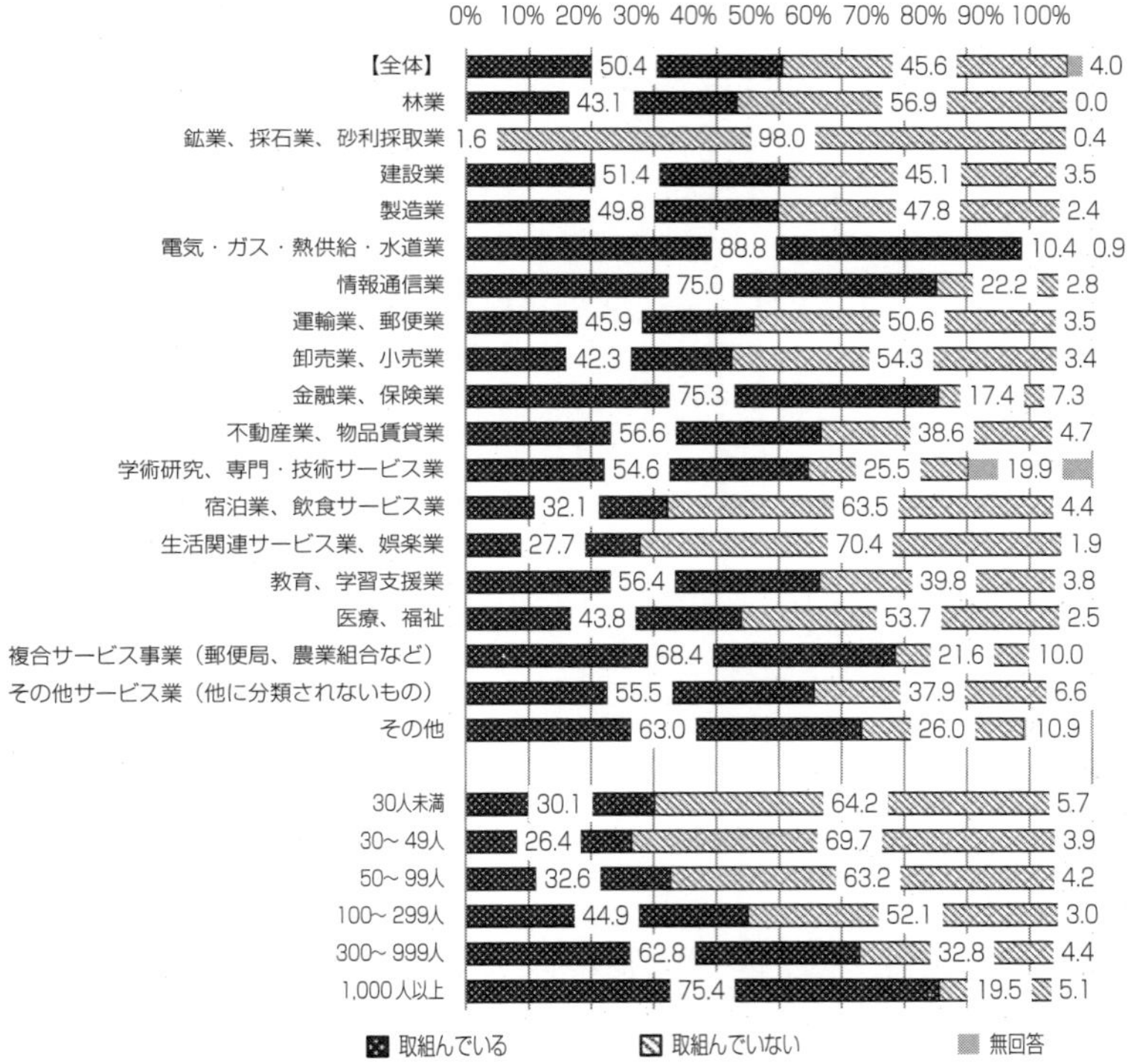

出所：「職場におけるメンタルヘルス対策に関する調査」独立行政法人　労働政策研究・研修機構，2012

図表３－３　メンタルヘルスケアに取り組んでいない理由

（企業別，休職・退職者有無別，％）

	取組み方が分からない	経費がかかる	必要性を感じない	労働者の関心がない	専門スタッフがいない	その他	無回答
【全　体】	31.0	8.1	42.2	14.1	35.5	13.9	1.5
30人未満	28.6	12.1	50.1	4.5	32.5	9.1	1.3
30～49人	17.0	11.1	48.2	8.2	42.4	17.0	－
50～99人	26.4	10.4	44.7	18.5	36.1	10.8	1.8
100～299人	33.1	6.9	40.0	13.4	35.4	17.0	1.7
300～999人	36.0	7.1	43.0	20.7	34.2	8.7	1.2
1，000人以上	29.1	4.4	34.0	5.5	35.1	22.5	1.9
過去１年間にメンタルヘルス不調で１カ月以上の休職または退職した労働者がいる	52.1	6.0	21.5	13.6	45.9	15.4	2.2
過去１年間にメンタルヘルス不調で１カ月以上の休職または退職した労働者がいない	26.5	8.5	46.5	14.3	33.4	13.7	1.3

出所：「職場におけるメンタルヘルス対策に関する調査」独立行政法人　労働政策研究・研修機構，2012を一部改変

はとても残念な話ですが、ここでは、「専門スタッフがいない」、「取り組み方が分からない」、「経費がかかる」の3点に注目して、職場復帰支援プログラムの構築について考えていきます。

2 職場復帰支援プログラムの構築

職場における三次予防の代表的なものとして、職場復帰支援が挙げられます。職場復帰支援については、厚生労働省から「心の健康問題により休業した労働者の職場復帰支援の手引き」（以下「手引き」とします）が出されていて、メンタルヘルス不調による休業から復職までの流れが整理され、事業者が行う職場復帰支援の内容が総合的に示されています（http://www.mhlw.go.jp/bunya/roudoukijun/anzeneisei28/）。手引きを初めて読む方は、中央労働災害防止協会が作成したパンフレットをお勧めします（http://www.mhlw.go.jp/new-info/kobetu/roudou/gyousei/anzen/dl/101004-1.pdf）。このパンフレットには、手引きの内容が紹介されているだけでなく、職場復帰支援の事例、職場復帰支援に関わる文書の様式例（「手引き」にも掲載）、休業から職場復帰に関わる就業規則の一例などが掲載されていますので、たいへん参考になります。なお、本書でも各ステップの概要とポイントの説明を図表にしましたので、参考にしてください（図表3－4・図表3－5）。

図表3－4　職場復帰支援の流れ

＜第1ステップ＞　病気休業開始および休業中のケア

イ　労働者からの診断書（病気休業診断書）の提出
ロ　管理監督者，事業場内産業保健スタッフ等によるケア

↓

＜第2ステップ＞　主治医による職場復帰可能の判断

労働者からの職場復帰の意思表示および職場復帰可能の診断書の提出

↓

＜第3ステップ＞　職場復帰の可否の判断および職場復帰支援プランの作成

イ　情報の収集と評価
　(イ)　労働者の職場復帰に対する意思の確認
　(ロ)　産業医等による主治医からの意見収集
　(ハ)　労働者の状態等の評価
　(ニ)　職場環境の評価
　(ホ)　その他
ロ　職場復帰の可否についての判断
ハ　職場復帰支援プランの作成
　(イ)　職場復帰日
　(ロ)　管理監督者による業務上の配慮
　(ハ)　人事労務管理上の対応
　(ニ)　産業医等による医学的見地からみた意見
　(ホ)　フォローアップ
　(ヘ)　その他

↓

＜第4ステップ＞　最終的な職場復帰の決定

イ　労働者の状態の最終確認
ロ　就業上の措置等に関する意見書の作成
ハ　事業者による最終的な職場復帰の決定
ニ　その他

↓

職場復帰

↓

＜第5ステップ＞　職場復帰後のフォローアップ

イ　症状の再燃・再発，新しい問題の発生等の有無の確認
ロ　勤務状況および業務遂行能力の評価
ハ　職場復帰支援プランの実施状況の確認
ニ　治療状況の確認
ホ　職場復帰支援プランの評価と見直し

出所：厚生労働省「心の健康問題により休業した労働者の職場復帰支援の手引き」を一部改変

図表3－5　各ステップのポイント補足

○ステップ1
・職場復帰支援開始の時期
➡休業の判断がなされた時点（復帰直前ではない）
・関係者との関係構築開始➡休業が開始された時点で始める
・本人を含めた関係者会議
➡対応が後手に回らないため，本人が安心して療養できるようにするため
○ステップ2
・効率よく情報収集できるための仕組みづくり
➡主治医からの情報収集方法などの検討
○ステップ3
・業務遂行能力を評価するための基準を設ける
➡職場復帰判定基準の例〔手引きより〕

> ・労働者が職場復帰に対して十分な意欲を示している
> ・通勤時間帯に1人で安全に通勤できる
> ・会社が設定している勤務時間の就労が可能である
> ・業務に必要な作業（読書やパソコンでの作業，軽度の運動等）をこなすことができる
> ・作業などによる疲労が翌日までに十分回復している
> ・適切な睡眠覚醒リズムが整っていて昼間の眠気がない
> ・業務遂行に必要な注意力・集中力が回復している

○ステップ4
・関係者で情報共有（書面）➡みんなが同じ対応・同じ方向性である必要性
「言った，言わない」を予防
○ステップ5
・再発が防げないケースもある
➡判定の精度そのものよりも復帰後のフォローアップや臨機応変な対応が大事
○その他
・試し出勤精度➡タイミングが大事（早すぎる試し出勤はNG）
試し出勤中の賃金については明確に決めておく
・まずは元の職場への復帰の原則
➡精神疾患は，新しい環境への適応が難しいから
ただ，休職時の業務内容や人間関係が大きな要因であれば，環境を変えて復帰という場合もある
・組織内における職場復帰支援プログラムの周知
➡広く周知することによって，利用しやすくする

出所：拙著「管理職のためのこころマネジメント～うつの予防にはコミュニケーションが効く」労務行政，2007を一部改変

この手引きに沿って、職場復帰支援プログラムを構築することができます。三次予防でまず取り組むことは、このプログラムの構築です。三次予防において仕組みづくりが欠かせません。職場復帰支援を円滑に進めるためには、職場復帰支援プログラムの策定や関連規定の整備が必要です。つまり、職場復帰支援プログラム構築の目的は、職場復帰支援を場当たり的に行うのではなく、企業として体制化・ルール化された中で進めることによって職場復帰支援を円滑に進めることです。

職場復帰支援プログラムの構築は、先ほどの調査結果にあった「専門スタッフがいない」、「取り組み方が分からない」、「経費がかかる」という3点をすべてクリアできる対策です。つまり、人事部を中心とした社内スタッフだけで作成することができ、その運用によって休職・復職する社員の対応ができ、ほとんど経費はかかりません。

ここで、社内で職場復帰支援プログラムを構築するための進め方を説明します。

■社内での進め方

① 職場復帰支援プログラム案の作成担当者を選任する

まず、選任された担当者（人事部門）が職場復帰支援プログラムの案を作成します。その際、自社の就業規則との整合性をとること、自社の風土や慣習を踏まえること、メンタルヘルス不調による休業経験者の有無などを考慮に入れる必要があります。運用しながら修正していくものですので、完全なものをつくる必要はありません。

②　関係者と審議する

次に、職場復帰支援プログラム案を関係者と審議します。労働者が常時50人以上の事業場では、衛生委員会で検討することになります。主に自社で現実的に運用が可能かどうかを検討し、完成版を作成します。その際には、必ずしも就業規則を改定する必要はありません。内規として制定するという方法もあります。また、実際に運用する際の担当者を選任しておくと、円滑な運用の助けになります。

③　社員への周知・啓蒙活動

職場復帰支援プログラムの完成版ができたら、集合研修やイントラなどを活用して、社員に周知・啓蒙します。職場復帰支援はメンタルヘルス不調による休業者に対して行われますが、円滑に進めるためには管理職や周囲の社員の理解や協力が欠かせません。社員全員に当事者意識を持ってもらうことが大切です。また、職場復帰支援プログラムの作成および周知という行為は、社員一人一人を大切にするというメッセージを全社員に伝える意味もあります。大切な社員がメンタルヘルス不調によって休業することになっても、この会社では会社全体でサポートして復帰をしてもらえるという印象を与えることができます。

④　運用、評価、見直し

実際にメンタルヘルス不調による休業者が発生したら、職場復帰支援プログラムを運用することになりますが、運用しながら評価と見直しを行うものと理解してください。統一した体制やルールの制定は大切ですが、ある程度は個別の事案ごとに考えなければなりません。その都度評価と見直しを行い、各社または各事業場に即した職場復帰支援プログラムを作成することが求められます。

職場復帰支援プログラムを構築することは、関係者の負担を軽減するという意味もあります。仕事がうまくまわっていないときは、たいてい後手にまわっているときですから、気持ちよく効率的に仕事を行うためには、常に先手を打つ必要があります。職場復帰支援プログラムの構築は、まさにメンタルヘルス不調による休業者が発生するたびに振り回され疲弊しないために先手を打つことに他なりません。また、休職・復職における対応において先手を打つことができれば、当然関係者の通常業務への支障も少なく、いつも通りのパフォーマンスを発揮できる環境を整えることができます。

職場におけるメンタルヘルス対策に関する調査（独立行政法人　労働政策研究・研修機構、２０１２）においても、このような仕組みの構築が復職において一定の効果をあげることを示しています。同調査によると、メンタルヘルス対策の取り組みの有無と不調者のその後の状況パターンの関係をみたところ、「取り組んでいる」方が、休職者の完全復帰の割合が高くなっています（図表３－６）。

図表3－6　メンタルヘルスケアの取り組みの有無と
メンタルヘルス不調者のその後のパターン　(%)

	休職を経て復職している	休職を経て復職後、退職した	休職を経て退職した	休職せずに退職した	休職せずに通院治療等をしながら働き続けている	長期の休職または休職・復職を繰り返している	その他	無回答
【全　　体】	37.2	9.5	14.8	9.8	14.1	8.2	3.3	3.1
取り組んでいる	41.8	8.9	13.1	5.7	15.2	10.1	3.1	2.1
取り組んでいない	30.2	9.5	18.0	17.2	11.7	5.5	4.1	3.7

出所：「職場におけるメンタルヘルス対策に関する調査」独立行政法人　労働政策研究・研修機構，2012

なお、職場復帰支援プログラムの構築とその運用自体は三次予防ですが、このような仕組みが存在することで、継続的な啓蒙活動となり、結果として二次予防につながるという効果があります。

コラム

診断書の不思議

メンタルヘルス不調者の職場復帰支援を行う際に困ることのひとつとして、診断書の捉え方が挙げられます。診断書には、謎がいっぱいです。「本当にこの診断名であっているの?」、「本当に休ませる必要があるの?」、「本当に復帰できるの?」、「診断書の情報だけで何を判断すればいいの?」といった疑問が次々に出てくる不思議な文書が主治医からの診断書です。

これらの謎を解く鍵は医師という職業の特徴にあります。診断書に関わることについて医師の特徴を説明すると、次の3点が挙げられます。

① 医師は、患者の利益になるよう行動する

（職場として困ること）

患者や家族の希望どおりに診断書が出されることがあるので、職場として対応の根拠や見通しがわかりづらい。

医師が患者に気を遣って病名を軽度に記載することがあるので、産業医や健康管理スタッフが対応のベースを誤ることがある。

② 医師は、病気を治療する仕事である

（職場として困ること）

「仕事ができるかどうか（業務遂行能力）」ではなく「病気が回復傾向にあるかどうか」で復帰可の診断書を出されるので、本人の状態が職場として受け入れがたいことが少なくない。

③ 医師は多忙なため、業務中に長い文書は読まないし、書かない

（職場として困ること）

提出された診断書からは、職場として有用な情報がほとんど得られない。

職場からの意見書などがきちんと読んでもらえない。

「職場として困ること」の打開策の前に、医師の特徴を理解し、診断書について起こりうる可能性を念頭に置くことが必要です。医師に対応を変えてもらうことを求めるのではなく、医師の特徴を踏まえて対応することが求められます。

この3つの問題を解決するためには、職場側から積極的に医師とコミュニケーションをとらなければなりません。意味のある休職、円滑な職場復帰のためには、避けて通れない道です。

では、医師という特徴を踏まえて、どのようにコミュニケーションをとることがのぞましいのでしょうか。その際のポイントは、「個人情報に留意（本人同意が必須）」、「保険診療外という理解」、「確認したいポイントは簡潔にする」の3点です。最も情報収集できて、職場と医師のすり合わせができるのは合同面談です。本人同意の上で医師に申込み、事前に確認したいポイントを整理した上で臨むとよいでしょう。職場として確認したいことは明確です。たとえば、「休業期間の見通し」や「職場として求める復帰の条件や配慮すべき内容」などが挙げられます。なお、保険診療外での面談として扱われることが多いので、30分5、000円程度職場側で用意したほうがよいです。

合同面談が難しい場合は、職場から書面で確認したことを聞きます。その際、長い文章は書いてもらえない可能性が高いので、自由記述ではなく質問に簡潔に答えられる形式がのぞましいです。

Ⅲ　メンタルヘルス対策における二次予防

三次予防における仕組みづくりを進めると同時に二次予防に取り組む必要があります。

メンタルヘルス不調における二次予防とは「早期発見・早期対応」と表現されますが、ビジネスパーソンにとっては、「職場で起こっている問題を早い段階で察知し、解決すること」と言い換えたほうがイメージしやすいかもしれません。目の前で起こっている問題がメンタルヘルス不調であろうと何であろうと、問題が大きくなる前に対処をするのは仕事において当たり前の姿勢だといえるでしょう。何事も後手に回らないことが大切です。

ここでは、二次予防の基本的な対策を3つ説明します。

1　管理職に対するメンタルヘルス研修

管理職はメンタルヘルス対策推進のキーパーソンになります。その管理職に対して、周知・教育を行うことは、メンタルヘルス対策を機能させるために必須です。もちろん一般社員に対する研修も必要ですが、優先すべき対象は管理職です。

管理職研修を行う際の目的や注意点を7つのポイントに整理しました。

① メンタルヘルス対策についての会社としての方針を理解してもらう　↓　78ページ
② 社内のメンタルヘルス対策の仕組みを理解してもらう　↓　79ページ
③ 全員参加とする　↓　79ページ
④ アンケート結果を次の施策につなげる　↓　80ページ
⑤ 講師の選定は実績を見て行う　↓　80ページ
⑥ 継続して実施する　↓　80ページ
⑦ 研修内容を工夫する　↓　81ページ

① メンタルヘルス対策についての会社としての方針を理解してもらう

研修を行う際に、最も重要なポイントです。会社の方針を現場に伝える、落とし込む、浸透させるのが管理職の大切な職務のひとつです。会社がメンタルヘルス対策をどのように位置づけ、なぜ今行うのか等を管理職が理解せずして、対策は推進できません。その点を理解してもらう必要があります。

また、管理職に対する方針の周知の際に注意すべきことは、会社としての覚悟です。誰から発信するのか（社長、人事部長、衛生委員会等）、どの程度徹底する覚悟があるのか、対策の目標や目標数値は何か、などを管理職は見ています。周知する会社の覚悟は、そのまま管理職の覚悟となります。

② 社内のメンタルヘルス対策の仕組みを理解してもらう

方針と同様に、社内でどのような仕組みを構築したのかを管理職に理解してもらう必要があります。管理職として気になるのは、自分たちの役割、社内での役割分担、困ったときの相談先、自分たちの負荷などでしょう。その点を丁寧に説明しておくことは、仕組みの理解に留まらず、「管理職が自分一人で背負わなくていい」というメッセージを伝えられることにもなります。

また、仕組みが理解されれば、管理職から人事担当スタッフや社内外相談窓口への相談が少しずつ増えてきます。そうなれば、対策の推進が図られ、早めの相談が増えてきて、二次予防が機能してきます。

③ 全員参加とする

管理職対象の研修は、特に全員参加で実施すべきです。自由参加にしたときに出席する管理職は、部下のメンタルヘルス不調で困ったことがある人（または困っている人）、先を見据えて必要性を感じて参加する人くらいでしょう。多忙な管理職ですから無理もありません。しかし、研修というものは、自由参加で出席しない人こそが本来のターゲットです。自由参加でも出席する人は、一人でも学習して必要な知識やスキルを獲得していくものです。

余談ですが、昨年「メンタルヘルス不調の誤解と理解」について市民講座の講師を務めたときに、参加者のほとんどがメンタルヘルス不調の人かその家族でした。本当に伝えたい人たちは参加してくれないものだと再認識したエピソードです。

④ アンケート結果を次の施策につなげる

管理職研修では、アンケートを取るのは必須です。講師の評価という目的もありますが、大切なことは現場の管理職の声を社内の次の施策につなげるという目的です。どのような施策でもそうですが、やりっぱなしでは意味がありません。運用する中で、いかにブラッシュアップしていくかが施策を成功させるための重要なポイントになります。

⑤ 講師の選定は実績を見て行う

社内の方針や仕組みの理解だけが研修の目的であれば、社内の人事担当スタッフ等が講師として説明をすれば十分だと思います。しかし、多忙な管理職に集まってもらうのであれば、外部講師を招き、事例性の考え方（第2章36ページ）などをしっかりと学ぶ場としたほうが有意義です。

その際の講師の選定基準は、企業向け研修経験が豊富であること、メンタルヘルス専門の講師であること、研修内容を共に作り上げてくれること、参加者満足度が高いこと、の4点です。筆者も企業向け研修だけで４００回以上経験していますが、アンケート結果は、常に4点以上（5点満点）です。そのあたりがひとつの基準になります。

⑥ 継続して実施する

メンタルヘルス研修は、継続性が重要です。継続しなければ、当然対策は浸透しませんし、現

図表３－７　「労働者の心の健康保持増進のための指針」で推奨されている研修内容

1　メンタルヘルスケアに関する事業場の方針
2　職場でメンタルヘルスケアを行う意義
3　ストレス及びメンタルヘルスケアに関する基礎知識
4　管理監督者の役割及び心の健康問題に対する正しい態度
5　職場環境等の評価及び改善の方法
6　労働者からの相談対応（話の聴き方，情報提供及び助言の方法等）
7　心の健康問題により休業した者の職場復帰への支援の方法
8　事業場内産業保健スタッフ等との連携及びこれを通じた事業場外資源との連携の方法
9　セルフケアの方法
10　事業場内の相談先及び事業場外資源に関する情報
11　健康情報を含む労働者の個人情報の保護等

出所：「労働者の心の健康保持増進のための指針」厚生労働省

在困っていない管理職に対する動機づけが難しくなります。頻度は、できれば年に1回は実施することが望ましいです。運用上は、新任管理職に対して毎年実施し、その他の管理職は階層ごとに隔年で実施するくらいが現実的でしょう。

⑦　研修内容を工夫する

研修を継続して実施する際は、同じ対象者に毎回同じ内容で行うのではなく、そのときの事業所の実情や管理職の成長度合いなどをみて、内容をステップアップさせていきます。その中で目指すところは、管理職の行動変容です。知識獲得に終わらせない工夫が必要になります。

研修内容は、事例性の理解、職業性ストレス要因の理解などを押さえた上で、メンタルヘルスの専門家である講師と共に組み立てていきます。参考までに「労働者の心の健康保持増進のための指針」で推奨されている研修内容を紹介します（図表3－7）。

2 長時間労働対策

基本的な二次予防の2点目として、長時間労働対策が挙げられます。平成25年度から始まっている「第12次労働災害防止計画」（5カ年計画）では、平成23年と比較して平成29年までに週労働時間60時間以上の雇用者の割合を30％以上減少させることを目標としています。このように、労働災害防止の観点からも長時間労働対策は重要な課題ですが、対策の目的はそれだけに留まりません。

長時間労働対策において最優先で行うべきことは、従業員の労働時間の把握です。当たり前のことですが、従業員の労働時間管理を適正に行わずして、長時間労働対策を成功させることはできません。使用者は労働時間を適切に管理する責務を有していますが、その管理が適正に行われないと、企業は以下のようなリスクを負うことになります。

- 個別労働紛争および訴訟を招き、企業の信用低下につながる。
- サービス残業による賃金不払いがあった場合は、労働基準監督署の是正勧告や書類送検のリスクがある。

図表3－8　医師による面接指導についての他社の実施基準の例

- 労働者の申し出がなくても，月80時間を超えたら医師による面談を実施
- 40歳以上は，月60時間を超えたら，医師による面談を実施
- 健康診断で有所見の社員は，月60時間を超えたら医師による面談を実施
- ３か月間の平均が45時間を超えたら，医師のよる面談を実施

- 過重労働が放置され、過労死や過労自殺などが引き起こされた場合は、多額の損額賠償の支払いが求められる恐れがある。

また、長時間労働によって疲労が蓄積した労働者に対して、医師による面接指導が義務付けられています（労働安全衛生法）。具体的には、時間外労働が月１００時間を超えたら、申し出のあった労働者に対して医師による面接指導を実施しなければなりません（その他努力義務もあり）。時間外・休日労働時間が月45時間を超えて長くなるほど、業務と脳・心臓疾患の発症の関連性が強まるという医学的知見が得られていますので、医師による面接指導を受けさせる義務は脳・心臓疾患の予防ですが、長時間労働によるメンタルヘルス不調の予防にも配慮が必要です。

したがって、長時間労働対策としては、まず労働時間の適正管理、長時間労働者に対する医師による面接指導を行う体制を整えることから始めます。長時間労働者に対する医師による面接指導を行っている事業所の割合は低く（１４・０％）、その実

施基準も特段定められていない事業所が多い（42・0％）という現状です（労働安全衛生特別調査、H23）から、各事業所で、面接指導の実施基準を定め、実施していくことが求められます。参考までに、対策に取り組んでいる企業の実施基準の一例を紹介します（図表3－8）。

このように長時間労働は現場任せにせず、職場としてルールを策定し、強い意思で推進していくことが求められます。間違っても、医師による面接指導を免罪符とするような、形だけの対策は避けなければなりません。

医師による面接指導以外では、「仕事特性・個人特性と労働時間」（労働政策研究報告書No.128、独立行政法人　労働政策研究・研修機構）で紹介されている長時間労働対策がたいへん参考になります。企業に対するメンタルヘルス・コンサルティングで培った筆者の経験を交えて、効果的と思われる長時間労働対策を6つ説明します。

① マネジメント力の強化　↓　85ページ
② 管理職の本来業務であるマネジメント業務の重視　↓　85ページ
③ まじめな労働者に対するケアと心身の健康管理　↓　86ページ
④ セルフケアの促進　↓　87ページ
⑤ 有効な長時間労働対策の実施　↓　87ページ
⑥ 現場に工夫させる取り組み　↓　87ページ

① マネジメント力の強化

「仕事特性・個人特性と労働時間」によると、管理職では、「仕事の範囲や目標がはっきりしている」という質問項目で、「当てはまらない」よりも「当てはまる」が10時間以上の月間総労働時間が短くなっています。また、非管理職も管理職も「必要以上に資料の作成を指示する」、「必要以上に会議を行う」、「仕事の指示に計画性がない」、「指示する仕事の内容が明確でない」、「終業時刻直前に仕事の指示をする」、「残業することを前提に仕事の指示をする」、「社員間の仕事の平準化を図っていない」、「つきあい残業をさせる」、「残業をする人ほど高く評価する」の9項目の質問項目すべてにおいて「当てはまらない」よりも「当てはまる」が10時間以上の月間総労働時間が長くなっています。

これらの結果から、管理職のマネジメントの力量が長時間労働に影響を及ぼしていることがうかがえます。業務目標や役割の明確化、見通しの説明、無駄な会議の整理、部下の業務遂行の裁量度を高めることなど、マネジメント力が問われることばかりです。多忙な管理職に自力での成長を求めるのは酷なことですから、職場としてマネジメント力を向上させる研修を実施していくことが求められます。その結果、長時間労働対策に留まらず、各部門の生産性の向上に寄与できると考えられます。

② 管理職の本来業務であるマネジメント業務の重視

「仕事特性・個人特性と労働時間」によると、「プレーイング・マネジャーである管理職は、プレーの度合いが高いほど労働時間が長くなる」、「部下が正社員であろうと非正社員であろうと、部下の人数が多いほど管理職の労働時間は長くなる」、「部下の中に指導が必要な者が多くなるほど、管理職の労働時間は長くなる」といった結果が出ています。

よって、管理職がマネジャーとしての機能を十分に果たせるように業務を見直し、部下の人数を適正にするなどの工夫で、部門内の長時間労働の是正につながります。今の時代はほとんどの企業でプレーイング・マネジャーが普通でしょうから、現実的に難しいと思われるかもしれませんが、本当に管理職が行うべき業務なのかと今一度見直すことは、長時間労働対策に留まらない効果を生み出すと考えられます。

③ まじめな労働者に対するケアと心身の健康管理

長時間労働対策において現場で対応が最も難しい人は、「まじめな労働者」かもしれません。仕事が楽しくて仕方がない、夢中になって時間を忘れてしまう、完璧主義の性格で１００％の成果を求めてしまう、といった労働者に対して、なかなか長時間労働を是正するように言いづらいものです。そのような労働者に対しては、働きすぎによる心身の健康被害、長期的には生産性の高さは健康的な生活習慣の上に成り立つことなどに気づかせる関わりが必要です。仕事が一区切りつく頃に1週間以上の休暇を与えることも必要です。なお、その他の労働者に対しても年次有給休暇の取得促進は、長時間労働対策のひとつとして効果的です。

④ セルフケアの促進

厚生労働省の「労働者の疲労蓄積度自己診断チェックリスト」(http://www.mhlw.go.jp/houdou/2003/05/h0520-3.html)を用いて、労働者に仕事による負担度を判定してもらうことができます。その結果によって、ライフスタイルの見直しや休暇取得など、各自のセルフケアを促すことが可能です。また、事業所にとっては、早めに相談してもらえることによって、労働時間や職場環境の是正に役立てることもできます。

⑤ 有効な長時間労働対策の実施

「仕事特性・個人特性と労働時間」では、すでに多くの事業所で実施されている対策が実際に有効であると述べられています。特に、「ノー残業デー」、「長時間労働者やその上司への注意・助言」は非管理職・管理職ともに有効で、「退勤時刻の際の就業の呼びかけ・強制消灯」は特に非管理職に対して有効です。つまり、長時間労働そのものに「直接的に」働きかける方法が、真に有効な対策であると結論付けられています。

その他筆者の経験では、部下の長時間労働を管理職の人事考課に反映させている企業、長時間労働の相談窓口を整備している企業などが長時間労働対策の成果をあげています。

⑥ 現場に工夫させる取り組み

長時間労働の問題は、少ない人員配置や人件費カットの問題の副産物という一面もあります。よって、単に長時間労働の対策だけを推進すれば、現場からは「仕事は多いのに残業できないなんで困る」という声があがるだけでしょう。そのような課題を解決するために、各部門で業務効率化の工夫を検討させ、成果を出した部門には表彰するなどの仕掛けも同時に行うと効果的です。外部講師によるタイムマネジメント研修とその後のモニタリングをセットにする方法も効果的です。

3 ハイリスク期の対応

厚生労働省の自殺・うつ病対策プロジェクトチームによる平成22年の報告書の中で、「配置転換等のハイリスク期における取り組みの強化」の必要性が、職場のメンタルヘルス対策のひとつとして取り上げられています。具体的な対策方法については触れられていませんが、二次予防としての可能性を秘めています。

「自殺実態白書２０１３」（自殺対策支援センター　ライフリンク）によると、自殺者は職業や立場によって自殺の危機経路に特徴が見られることがわかっています。特筆すべきは、「正規雇用者（正社員＋公務員）の25％は、配置転換や昇進等の『職場環境の変化』が出発要因となっていた」という報告内容です。また、「脳・心臓疾患及び精神障害等に係る労災補償状況について」（平成24年、厚生労働省）によると、精神障害等の出来事別決定及び支給決定件数一覧においては、「仕事の内容・仕事量の（大きな）変化を生じさせる出来事があった」という項目が最も高くなっています

（「その他」の項目は除く）。ハイリスク期とは、これらの「配置転換時」、「大きな変化が発生したとき」と位置づけられるのですが、この期に対策を集中させることで二次予防の効果が期待できます。具体的な対象者は、「入社間もない社員」、「異動して間もない社員」、「昇進して間もない社員」「同部門の中で業務内容や役割が著しく変わった社員」等になるでしょう。

それらの対象者については、変化後3か月間は管理職などが頻繁に面談を行い、「変化の意味」について語らせ、意味づけができるようにサポートすることが変化への適応を促進します。意味づけや語りの重要性については、一次予防（106ページ）で詳しく説明します。

Ⅳ　メンタルヘルス対策における一次予防

メンタルヘルス対策における二次予防・三次予防は、取り組み内容が明確で、その効果も生じやすいといえます。よって、企業としてはどうしても二次予防・三次予防の取り組みに偏りがちです。しかし、従業員のパフォーマンス向上に最も寄与するのは一次予防です。本来は、二次予防・三次予防と同時に、一次予防にも注力することがメンタルヘルス対策においては重要です。

ここでは、一次予防の取り組みについて、多くの方法や考え方を挙げました。

従業員のパフォーマンスに最も寄与するものですので、二次予防・三次予防よりも多くの紙面を割いています。

メンタルヘルス不調という枠組みを超えて、従業員の健康増進やいきいきとした職場づくりに取り組むことは、早期に効果が表れるものではありません。しかし、年単位で根気強く取り組み続けることで、従業員のパフォーマンス向上という結果で返ってきます。それは、一次予防に取り組んでいる多くの企業が証明しています。

①「新・職業性ストレス簡易調査票」の活用　↓　91ページ
②「ストレス判定図」の活用　↓　92ページ
③「メンタルヘルスアクションチェックリスト」の活用　↓　93ページ
④「メンタルヘルス意識改善調査票」の活用　↓　94ページ
⑤「職場快適度チェックシート」の活用　↓　95ページ
⑥仕事におけるコントロールを高める　↓　96ページ
⑦社内でソーシャルサポートを広げる　↓　98ページ
⑧社員へのスポーツ精神医学の啓蒙　↓　103ページ
⑨社内ＳＮＳ等による啓蒙　↓　105ページ
⑩社員同士の「語り」の促進　↓　106ページ
⑪生活習慣の改善指導　↓　109ページ

1 「新・職業性ストレス簡易調査票」の活用

「労働者のメンタルヘルス不調の第一次予防の浸透手法に関する調査研究」（厚生労働省）の研究成果として、職業性ストレス簡易調査票が新しくなりました。

新・職業性ストレス簡易調査票では、仕事の資源に関する尺度として、作業レベル（仕事の意義、役割明確さ、成長の機会など）、部署レベル（仕事の報酬、上司のリーダーシップなど）、事業場レベル（経営層との信頼関係、人事評価の公正さ、個人の尊重など）を追加し、職場環境要因をより広く測定できるようになりました。また、増加傾向にある職場におけるハラスメントについても測定できます。

個人レベルでのストレスチェックとしては利用できませんが、組織レベル（事業場や部門ごと）の課題の洗い出しによって、組織レベルで取り組むべき対策を講じる際に大変参考になります。特に部門ごとの評価は、具体的な取り組みにつながりやすいので、重宝するでしょう。❶～❺のすべてにいえることですが、犯人探しやあら捜しをすることが目的ではありませんから、その点は使用上注意が必要です。

なお、新・職業性ストレス簡易調査票は、東京大学大学院医学系研究科精神保健学分野によって運営されているページ（http://www.jstress.net）から無料でダウンロードして利用できます。

❷「ストレス判定図」の活用

「作業関連疾患の予防に関する研究」（旧労働省）によって開発された「ストレス判定図」は、職業上の心理的ストレス要因が従業員のストレス反応や健康に、どの程度影響を与えているかを判定するための簡便な方法として活用することができます。これを活用することで、職場単位で、職業上のストレスによる健康リスクがどの程度であるかを知ることができます。

ストレス判定図から評価された職場の問題点に対しては、実地調査の上で改善計画を立て、対策を講じます。その際、特に一次予防においては、従業員の参画や意識変革があると、対策は効果的なものになります。

なお、ストレス判定図は、東京大学大学院医学系研究科精神保健学分野によって運営されているページ（http://www.jstress.net）から無料でダウンロードして利用できます。

3 「メンタルヘルスアクションチェックリスト」の活用

さらに、「ストレス判定図」などを用いたストレス要因の評価からもう一歩踏み込んだツールとしては、「メンタルヘルスアクションチェックリスト」（「職場環境等改善のためのヒント集」）があります。「職場環境などの改善方法とその支援方策に関する研究」（厚生労働省）の研究の一環として開発されました。

これは、職場において、従業員の参加のもとにストレスを減らし、メンタルヘルスを増進するための職場環境等の改善方法を提案するために作成されました。このチェックリストの特徴としては、①日本全国から職場環境等の改善に関する成功事例を収集し、それらを現場で利用しやすいように6領域30項目に集約・整理して作成されている、②職場で管理職と部下が一緒になって討議をしながら活用することが効果的である、の2点が挙げられます。

　運用上は、ストレス判定図や職場のストレス要因の理解を踏まえて、メンタルヘルスアクションチェックリストを行い、その後「自分たちにできること」を挙げてもらうなど、自発的・主体的な取り組みを尊重する姿勢が職場環境改善の成果をあげることにつながります。

　なお、メンタルヘルスアクションチェックリストは、東京大学大学院医学系研究科精神保健学分野によって運営されているページ（http://www.jstress.net）から無料でダウンロードして利用できます。

4 「メンタルヘルス意識改善調査票」の活用

「メンタルヘルスアクションチェックリスト」は、グループ実施・改善の実行における具体的方策を考えやすくする有用なツールといえます。現場の具体的なニーズを測定し、対策を講じたいという企業の要望を背景に、「メンタルヘルス意識改善調査票」（ＭＩＲＲＯＲ）が産業医科大学精神保健学研究室によって開発されました。

　メンタルヘルス改善意識調査票は、具体的な対策の目標設定と活動計画の策定を促進するための質問紙です。質問票では、職場の望ましい状態が45項目に整理され、職場のメンバーの要望という観点から、職場改善についての職場のニーズの把握と適切な目標・活動の検討が促進されます。❶

～3のツールと併用しながら、職場環境改善を進めると効果的でしょう。

なお、メンタルヘルス意識改善調査票は、産業医科大学「職場のメンタルヘルスガイド」（http://omhp-g.info/）から無料でダウンロードして利用できます。

5 「職場快適度チェックシート」の活用

「職場快適度チェックシート」（厚生労働省）は、職場の人間関係、処遇、労働負荷等の心理的・制度的側面などのメンタルヘルス対策のソフト面の問題点を発見し、具体的な職場全体の取り組みに役立てることのできるツールです。

特徴としては、職場のソフト面を事業場側と従業員の両方の側面からチェックでき、双方の意識の違いを比較検討することにより、職場環境の改善につなげられる点です。また、チェックできる項目は、①キャリア形成・人材育成、②人間関係、③仕事の裁量性、④処遇、⑤社会とのつながり、⑥休暇・福利厚生、⑦労働負荷の7つの領域となっていて、それらを総合評価します。他のツールと同様に、課題を洗い出し、改善計画を立て、具体的な対策を講じることになります。

なお、職場快適度チェックシートは、厚生労働省のサイト「こころの耳」（http://kokoro.mhlw.go.jp/comfort-check/）から無料でダウンロードして利用できますし、インターネットが利用可能な事業所では自動診断ツールも利用できて便利です。

6 仕事におけるコントロールを高める

社員一人あたりの仕事量が増えている企業が多くなっていますが、実は仕事の負荷が高いという理由だけで心身の健康を害することは少ないです。仕事の要求度が高いことに加えて仕事のコントロールが低い状態で最も精神的緊張が高く、健康障害のリスクが高くなります（図表3-9）。

つまり、社員が仕事をするにあたり、要求度が高いのに裁量権や自由度が低いという状況が健康障害のリスクを高めるのです（高ストレス群）。さらに、職場の人間関係において周囲の支援（ソーシャルサポート、7で詳述）がないと、健康障害に至る可能性が高くなります。これが、図表の「仕事の要求度—コントロールモデル」（Karasek・1979）です（図表3-10）。よって、仕事の負荷が高いときは、社員の裁量権や自由度を上げることが、職場のメンタルヘルス対策の一次予防となります。Karasekは、高「要求度」・高「コントロール度」をactive群とし、その群のメンバーは「仕事はきついがやりがいを感じており、困難な課題をも克服しようとする意欲が強く、レジャータイムなどの活動内容もアクティブである」としています。このことから、一次予防にとどまることなく生産性の向上に寄与できることが期待できます。

図表３－９　仕事の要求度と仕事のコントロール

○仕事の要求度…………仕事のペース，量，時間，仕事上の精神的集中度や緊張の度合いなど

○仕事のコントロール…仕事上の意思決定の度合い，自分の能力や技術を発揮・向上できる可能性など

図表３－10　仕事の要求度―コントロールモデル

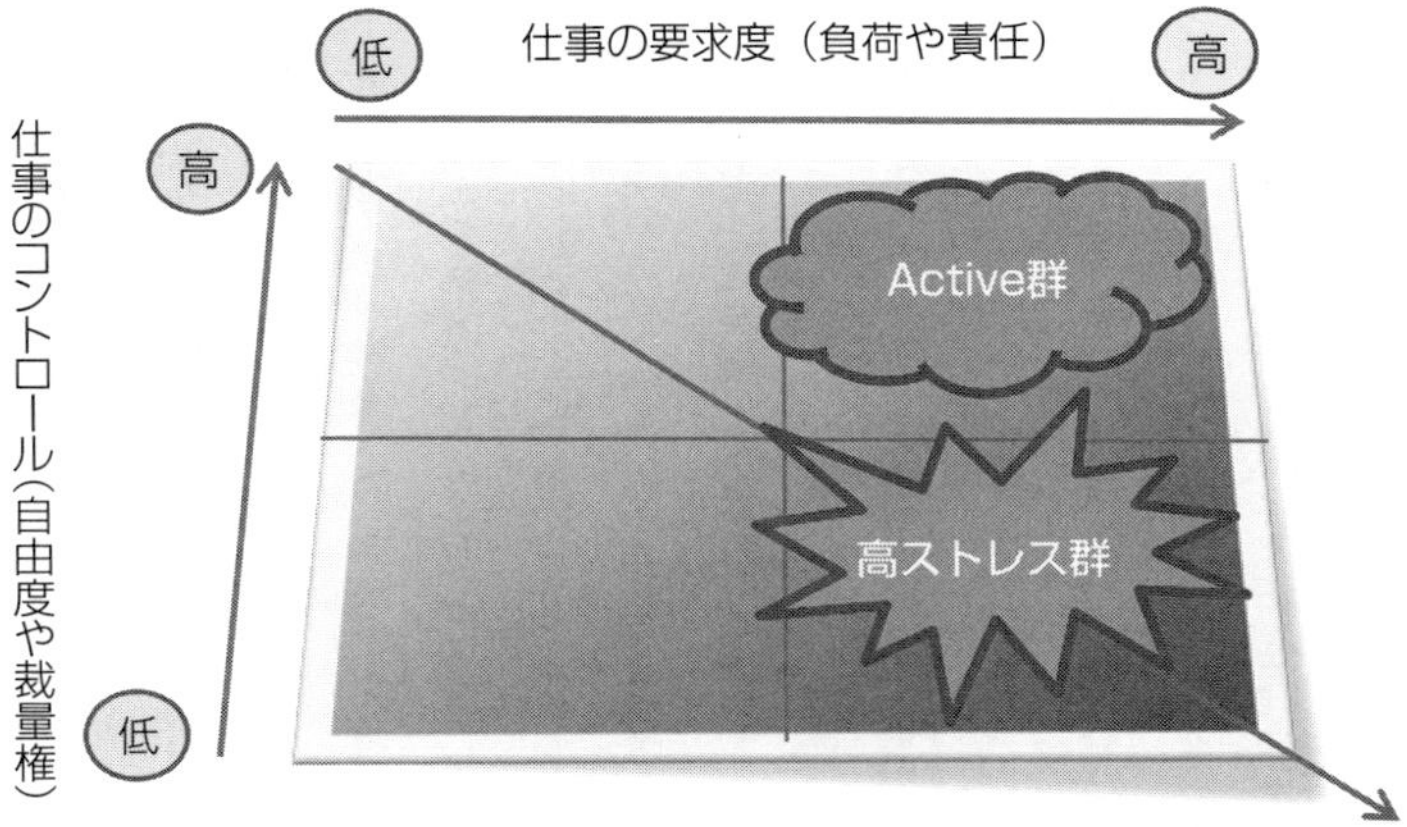

出所：Karasek（1979）を一部改変

7 社内でソーシャルサポートを広げる

6で述べたとおり、社員が仕事をするにあたり裁量権や自由度が低い上に周囲の支援（ソーシャルサポート）がないと、健康障害のリスクは高くなります。ソーシャルサポートの欠如は、健康障害だけでなく社員のモラールの低下も招きます。職場において、同僚とのつながりが感じられないと、職場での存在意義（自分は何のためにこの職場にいるのか）が見出しづらくなるからです。実際、筆者がメンタルヘルス・コンサルティングを行ってきた企業でも、社内において周囲からの支援や社内コミュニケーションが少ない職場は、メンタルヘルス不調者や離職者が増える傾向があります。

職場におけるつながりの大切さは、２０１１年版「産業人メンタルヘルス白書」（日本生産性本部）においても「絆」という表現で示されています。上司、同僚、組織、家族との絆がメンタルヘルス向上に貢献するという結果が出ています。なお、その中でも相関が高いのは、「同僚との絆」となっています。

このようにソーシャルサポート（周囲から支援、つながり、絆）は、企業におけるメンタルヘルス対策としての一次予防として機能します。実際の進め方としては、「世話焼き文化の復権」を目指します。以前の企業には、お互いを気にかけ、声をかけ、話を聴き、励まし、助け、手伝うといった世話焼き文化が確かにありました。世話焼き文化の副産物としては、ナレッジや暗黙知の共有を進め、職場における安心感を醸成し、社員としての一体感を育み、健康障害のリスクを下げることなどが挙げられるでしょう。

しかし、顧客ニーズの高度化・多様化、スピードが求められる仕事、技術革新の急速な変化、慢性的な人員不足などの中で、社員の余裕がなくなってきました。余裕がなくなる中で、職場における世話焼きの優先順位は下がらざるを得なくなりました。しかし、世話焼きがなくなったから余計に職場に余裕がなくなっていることには、それほど関心が向けられていません。

世話焼きをすることで、人とのつながりや絆、周りから支えられてことを実感できます。「私」は「あなた」の世話焼きをすると、「あなた」は「私」に感謝して「私」に世話焼きをする。世話焼きは、そのような良循環を生み出します。そのような良循環が二者関係にとどまらず職場のあちこちで起これば、「皆」が「皆」に世話焼きをして「皆」が「皆」に感謝する風土が醸成されます。それがつまり、つながりや絆、支えられていることの実感となります。そして、世話焼き文化の副産物を取り戻すことができるのです。

ところで、世話焼きについては、大変興味深い話がありますので紹介します。清水康之・上田紀行『「自殺社会」から「生き心地の良い社会」へ』（2010）を一部引用しながら説明します。

スリランカの一部の地域では、悪魔祓いの儀式が行われています。病院などでも治らない病気が、村ぐるみの儀式で治ってしまうという話です。たとえば、一日中塞ぎ込んでいるお父さんやノイローゼになったお母さん、ひきこもりになった子どもなどに「あの人には悪魔が憑りついた」と、村中の人を集めて徹夜で悪魔祓いの儀式を行います。その儀式の内容は、途中緊迫する場面もあるのですが、朝方には「お笑い演芸会」のようになります。呪術師が仮面をかぶっていろいろな悪魔に扮し、入れ替わり立ち替わり出てきてはジョークやシャレ、下ネタ、替え歌などを披露し、悪魔祓いをしてもらう人も村人も皆腹の底から笑いあうのです。その結果、悪魔祓いをしてもらった人は、「自分のためにこれだけの村人が集まってくれた」、「皆が自分のことに関心を持ってくれている」、「自分は一人ぼっちだと思ったけど、本当はこんなに温かい人に囲まれているんだ」などと再確認して、心の寂しさや苦しみが解きほぐされていきます。

スリランカでは、「孤独な人に悪魔が憑く」または「孤独な人に悪魔のまなざしが来る」といわれます。つまり、自分の周囲の人々の眼差しが温かいと感じている人には、悪魔は来ないのです。このことは職場でも全く同じことが言えます。周囲の温かいまなざし、つまり、つながりや絆が感じられていると職場でいきいきと存在することができますが、支えられている感覚を持っていなければ、孤独を感じ健康障害に至ることもあるのです。

このように「世話焼き文化の復権」が有形無形の価値を生み出します。余裕がなくコミュニケーションが希薄になっている今だからこそ、世話焼き文化が必要です。企業は、メンタルヘルス対策の一次予防として位置づけ、トップが自ら実践し、またトップからのメッセージとしてその必要性を発信し、具体的な施策を講じていくとよいでしょう。具体的には、縦ではなく横の繋がりの強化（同じ職位、同期、女性管理職のグループなど）、コミュニケーション研修、挨拶・声かけ運動、社内サークルの活動支援、部下との定期面談などの方法があります。注目すべきは、何もしない事業場より取り組みを行っている企業の方が、メンタルヘルス不調者が少ないことです。

コラム

天国と地獄の違い

天国と地獄を見てきたという、ある人のお話です。

その人はまず地獄を見ました。地獄ではちょうど食事の時間です。長い机があって、皆が向い合せに座っていました。それぞれの目の前にはちゃんとした食事が用意されていて、とても地獄とは思えません。しかし、お箸だけは変わっています。なんと1メートル以上もあり、しかも先が少し尖っています。

食事が始まると、地獄の人たちは我先にと食べようとするのですが、その長いお箸のせいで上手に食べられません。さらには、無理に食べようとした結果、尖ったお箸が口の周りや胸元に刺さり、皆、血だらけです。躍起になればなるほど何も食べられず、痩せこけて、怪我までして、仕舞いには他人の食べ物を横取りしようとして争いが絶えませんでした。そこには、私たちのイメージ通りの地獄があったそうです。

天国はどうだったでしょう。同じく食事の時間でした。長い机、食事の量など同じ条件で用意されていました。そして、あの長く尖ったお箸も同じでした。

食事が始まると、天国の人たちはそのお箸では上手に食べられないこと、向かい側の人に食べさせてあげるにはちょうどよいお箸の長さであることに気づき、机を挟んだ向かい側の人たちに自分の食事を食べさせてあげたのです。食べさせてもらった人は、食べさせてくれた人に感謝し、お礼に自分の食事を食べさせてあげました。その結果、天国の人たちは皆が満腹になり、誰も怪我をすることなく、幸せに過ごしていました。そこには、これまた私たちのイメージ通りの天国がありました。

このお話を読んで、思い出すことがあります。それは小さい頃に聞かされた「人様に良いことをしても悪いことをしても、全部自分に返ってくる」という言葉です。それをソーシャルサポートという言葉で説明するのなら、「周囲から支えてもらえるようになるには、自分からソーシャルサポートを発信しなければならない。周囲にソーシャルサポートを提供しなければ誰からも支えてもらえない」ということがいえるでしょう。サポートを得たいのなら、自らがサポートを提供する。そして、職場の一人ひとりがそのような行動をとったとき、ソーシャルサポートの相互提供という良循環が生まれ、おのずと支え支えられる職場がつくられるのだと思います。

自社には支えあう雰囲気がないと感じたら、まずあなたからソーシャルサポートを発信・提供していくことから始めてみてください。

8 社員へのスポーツ精神医学の啓蒙

ここ数年、「スポーツ精神医学」という考え方が注目されています。スポーツ選手が本番に弱いことをどのように克服するかなどのスポーツ心理学は昔からありましたが、スポーツ精神医学という考え方が登場したのは最近のことです。スポーツ精神医学では、たとえばうつ病の治療と予防との関係に着目しています。よく知られているところでは、有酸素運動が挙げられます。有酸素運動は、うつ病になってしまった後では専門家の指示の下で行わないとリスクがありますが、発症前であれば予防として効果的です。

このような運動は、社員にとって比較的誰でも実行しやすい（散歩でも可）ですし、それほどお金がかかりません。また、企業にとっても社員が健康を維持・向上させることでabsenteeism（心身の不良による欠勤など）やpresenteeism（心身の不調によるパフォーマンス低下）による労働損失を防ぐことができます。それだけでなく、健康診断による有所見率の低下、医療費の抑制などのメリットがあります。

具体的に実践している企業では、ダイエットコンテストを行う、スポーツをする社内サークルを作る、（駐輪場や社内制度が整えば）自転車通勤の推奨、万歩計での目標達成者に表彰などの例があります。

企業は、経営層が率先して生活に運動を取り入れ、社員にその必要性を示し浸透させていくことで、メンタルヘルス対策の一次予防として機能します。

【注目ワード】健康経営

事業者によるメンタルチェックの義務化が国会で審議されるなど、従業員への健康配慮の必要性が高まり、「健康経営」という考え方が注目をされています。

「健康経営」とは、アメリカの経営心理学者のロバート・ローゼンが提唱した概念で、従業員の健康管理を経営課題として捉え、その実践を図ることで従業員の健康の保持・増進と企業の生産性向上を目指す経営手法のことです。従業員の健康が企業にとって不可欠な資本であることを認識して、そこに投資をする仕組みを構築することで、生産性の向上、業務効率化、医療費負担の減少、ＣＳＲの強化、優秀な人材の確保などを目指す取り組みを指します。

最近では、従業員の健康配慮への取り組みがどの程度優れているかによって格付けを行い、融資条件を設定するという融資メニュー（日本政策投資銀行）も登場していて、「健康経営」に対する注目度の高さがうかがえます。

「健康経営」は、メンタルヘルス対策における一次予防の取り組みを行う上で、押さえておくべき用語といえます。

9 社内SNS等による啓蒙

社内ＳＮＳ（ソーシャル・ネットワーク・サービス）やイントラ、従業員の個人ＨＰの開設、ｅ－ラーニングなどを活用する方法もあります。１対多、多対多の発信やコミュニケーションが可能で、かつ浸透しやすいツールなので、上手に活用すればメンタルヘルス対策の有効な一次予防となるでしょう。

具体的な内容としては、メンタルヘルス不調の理解といった内容よりは、セルフケア、ストレス対処方法といった内容が一次予防として役立ちます。病気の話は他人事として捉えられやすいですが、健康維持・向上の情報などは関心が持たれやすいでしょう。また、単に健康に焦点を当てるだけでなく、それが仕事にどのように関連付けられるかということまで含めると学習動機が高まります。

また、特定の社員だけの参加、形式的な参加、誤った情報の広がりなどを避けるために事前の計画や準備が重要です。

10 社員同士の「語り」の促進

企業において、「語り」の場が減ってきています。以前のように、上司の武勇伝や失敗談が語られる機会は減少し、そのことにより仕事の意味が語られる場が減少しています。管理職や社員の余裕がなくなり、コミュニケーションが減ってきていると感じる人は少なくないでしょう。コミュニケーションの減少は、つまり「語り」の減少を意味し、脈々と受け継がれてきた企業のナレッジや暗黙知やその社員が抱く希望、その企業で働く意味などが語られる機会が失われつつあることを意味します。

慰安旅行やクラブ活動などの社内イベントの再開や社内ソーシャルメディアの活用などによる社内コミュニティの創出によって、コミュニケーションの活性化を図ろうとしている企業が増えてきていますが、中小企業などは十分に取り組めているとはいえないでしょう。このようなコミュニケーションの減少と生産性との関係は無関係ではありません。

その問題を考えるにあたり、Antonovskyの首尾一貫感覚という考え方を紹介します。首尾一貫感覚とは、「自分や自分を取り巻く環境で起こる出来事には何らかの意味があり、把握可能で、適切に処理可能である（首尾一貫している）という確信して思える感覚」のことをいいます。この首尾一貫感覚は、以下の3つの要素から成り立っています（図表3－11）。

図表3－11　首尾一貫感覚の3要素

① 把握可能感

「自分の身に降りかかった出来事は，理解できるものとして捉えられ，予測と説明がつくだろうという感覚」

例）把握可能感が強い人：仕事上の失敗をした理由を理解し，整理ができる

把握可能感が弱い人：なぜ失敗をしたのかが分からず混乱し，次に活かせない

② 処理可能感

「自分の身に降りかかった出来事に対して，解決のための内外の資源（モノやヒト）を得るなどして『自分はそれを処理できる』と思えることができるだろうという感覚」

例）処理可能感が強い人：困難な業務でも対処可能だし挑戦したいと思える

処理可能感が弱い人：なんでこんな難しい仕事をしなければならないのか，できるわけがないと考える

③ 有意味感

「自分の身に降りかかった出来事に対して，自分にとって意味があり価値のあるものだと考えられる感覚」

例）有意味感が強い人：希望に反する異動に対して，自分に課せられた使命や課題と考え，最善を尽くす

有意味感が弱い人：納得いかない，面白い仕事ではないなどと愚痴をこぼしパフォーマンスが落ちる

注：Antonovskyの考え方をもとに筆者作成

3つの要素である「把握可能感」、「処理可能感」、「有意味感」を獲得するための鍵となるのが「語り」です。上司が部下に仕事の意味を語る、先輩が後輩に「この商品は世の中のために意義がある」と語る、前任者が後任者に「大変な仕事だけど、このくらいの期間でできるはずだ」と語る、同僚間で「困難なプロジェクトだけど、自分たちならできるはずだ」と語りあう。企業においてそのような「語り」を取り戻していく必要があります。

首尾一貫感覚を獲得してくためには、社員が語る「言葉」が必要です。「言葉」を語ることで、そこに意味づけが生まれ、ストーリー性が生まれます。それを「把握可能感」、「処理可能感」、「有意味感」という観点で語ることが大切です。「語り」は首尾一貫感覚を形成するうえでプラスの影響を及ぼす「人とのつながり」や「信頼感」や「安心感」を生み出します。それらをベースに、社員は「処理可能感」を持つようになり、成功の積み重ねにより「把握可能感」を持ち、そのような経験の中で「有意味感」を形成していくことができます。

首尾一貫感覚を持つことは当然メンタルヘルス不調の予防になります。しかし、それ以上に生産性の向上が期待できる考え方です。また、議論されていることが増えてきた若手社員の適応や適性の問題に対しても、有効な対処方法といえます。職場におけるメンタルヘルス対策の一次予防として、社員同士の「語り」の促進に取り組んでみてはいかがでしょうか。

11 生活習慣の改善指導

朝食、飲酒、睡眠の３つの習慣を変えるだけで、社員の健康増進を図ることができます。また、健康増進だけではなく生産性向上にも寄与できる取り組みです。健康管理を社員個人に任せるのではなく、企業として推進していくことが職場におけるメンタルヘルス対策の一次予防となります。最近では、従業員の健康管理をアプリで行ったり、健康診断を受けない従業員のボーナスをカット（目的がボーナスカットでないことに注意）したりする企業も出てきています。

① 朝食の習慣を変える

あらゆるタイムマネジメントの調査で「朝食をとる人の方が集中力や問題解決力、記憶力などが優れていて、心身共に状態が良い」という内容が示されています。朝食をとらない分を仕事の時間に費やしたとしても、時間が経過するとエネルギーの低下や生産性の低下を招き、結局は労働損失を生み出すだけということも指摘されています。朝食は新陳代謝に重要な役割を果たすので、労働者として当然の結果といえます。

よって、企業としては、朝食をとる習慣をつけてもらうための啓蒙活動や保健指導などを継続的に行っていく必要があります。

② 飲酒の習慣を変える

厚生労働省研究班が、アルコールの飲みすぎによる社会的損失が４兆１、４８３億円に達するという推計を発表しました（２０１２）。さらに、「仕事の生産性低下」と「飲酒による交通事故」を加算すると約5兆円に上ります。「仕事の生産性低下」に特化すると、その損失は１兆９、７００億円になります。具体的には、労働者の男性の５・９％、女性の１・７％が飲酒によって「人間関係にひびが入った」、「二日酔いで仕事を休む」などの問題を抱えているといわれます。また、生産性の低下率でいえば、飲酒による問題で「生産性は21％低下する」との研究もあります。

日本の企業は飲酒に対して寛容な文化があります。しかし、この推計などを見ると、生産性の観点から看過できない問題といえます。実際、筆者が企業に対してメンタルヘルス・コンサルティングを行う中でも、うつ病やパフォーマンス低下の背景に飲酒問題が隠れている社員が少なくありません。企業は、酒豪を称賛したり、飲酒による問題を笑い飛ばしたりするのではなく、仕事に影響を及ぼす重要な問題として、定期的にアルコール教育を行う必要があります。

③ 睡眠の習慣を変える

グラクソ・スミスクラインが20代～50代の労働者に対して行ったアンケート調査によると、よく眠れた日の仕事のパフォーマンスを１００％としたとき、「あまりよく眠れなかった時」は平均55％まで落ちるという結果になりました（図表３－12）。また、約7割の人が、快適な睡眠を望むのは、疲労回復目的だけでなく、「翌日仕事で重要な会議などがあるとき」や「翌日プライベートで重要なことがあるとき」などを挙げています。また、アメリカでは、睡眠不足によって

図表3－12　よく眠れた日の仕事の能率（パフォーマンス）を100%とした場合の「あまりよく眠れなかった時」の数値（n：1,600）

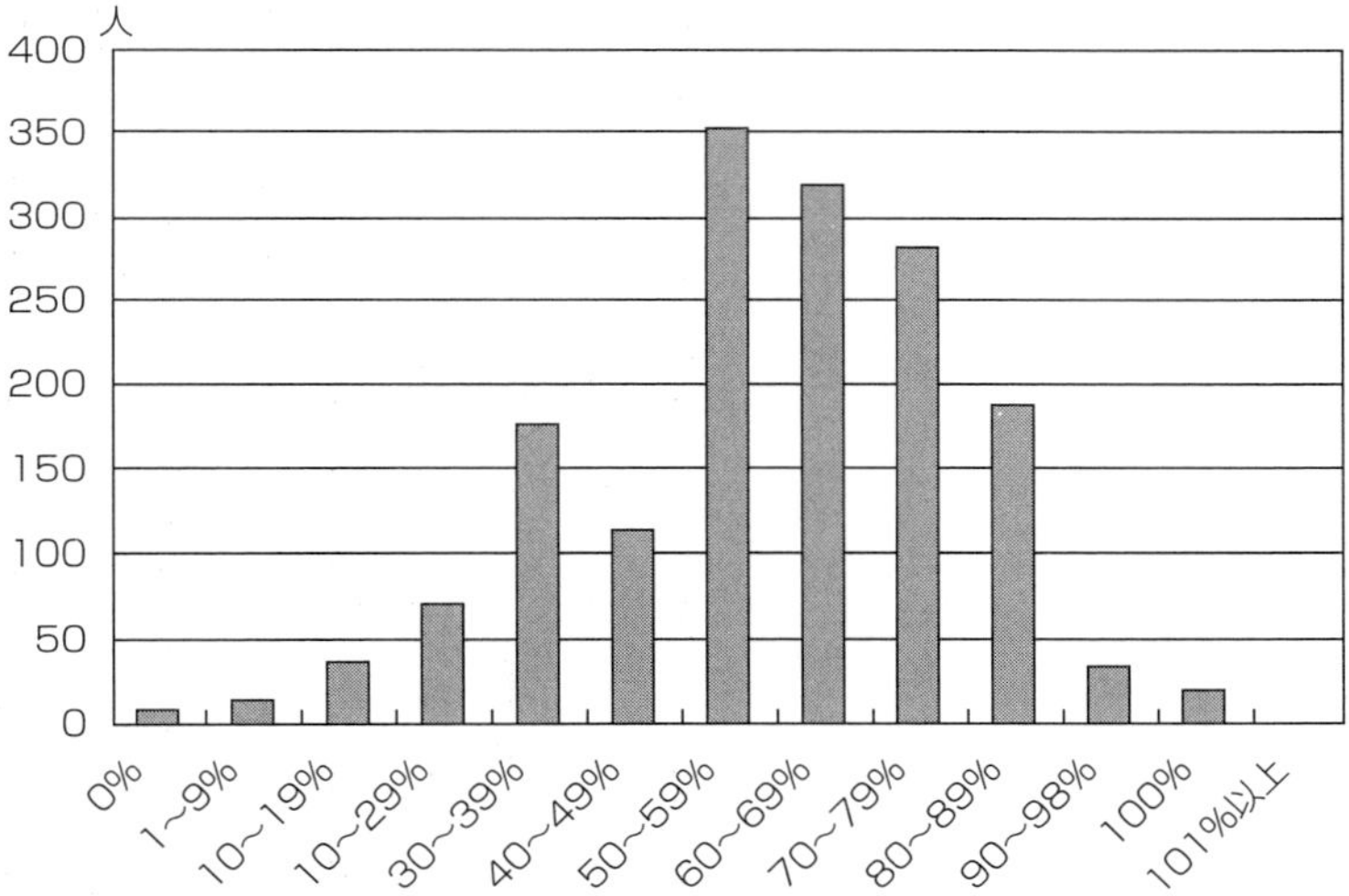

出所：グラクソ・スミスクライン株式会社「睡眠に関する意識調査」(2010年3月)

頭や体が普段よりも働かないことで、年間１、５００億ドルの損失があるといわれています。

睡眠が短くなる背景としては、社会の24時間化、就寝前のスマートフォンやタブレットの使用、長時間労働、ストレスによる睡眠への支障などが挙げられます。しかし、睡眠を十分にとらないと、健康面の不調を招き、前記のように生産性の低下に影響を及ぼします。睡眠には、身体の疲労を回復させ、脳や身体機能等の体内バランスを整えるという重要な役割を担っています。よって、忙しいときこそ、労働者は十分な睡眠をとる必要があります。

睡眠に支障をきたしていることは、仕事に支障をきたすことになりますから、睡眠を個人の健康問題と扱うことはできません。企業は、社員の心身の健康を保ち、生産性を向上させるために、睡眠についての啓蒙活動や保健指導も行う必要があります。

一次予防の取り組み実例の紹介：ワーク・ライフ・バランス

「企業のワーク・ライフ・バランスへの取組み状況－ワーク・ライフ・バランス施策の推進に関する事例集－」（一般社団法人日本経済団体連合会，2012）では，企業61社の取組みの実例が紹介されていて，自社での取組みを検討する際に大変参考になります。

事例集の概要では「出産・育児，介護など社員のライフイベントに配慮した諸施策を充実し，働きやすい職場づくりに積極的に取り組む方針を示す企業が多く見られた」として，具体的な施策内容として下記の⑴～⑶が挙げられています。

⑴　育児・介護制度の充実と円滑な利用促進

【育児支援】

- 法定を超える育児休業・育児短時間勤務の制度　（休業：３歳まで，短時間勤務：小学校３年まで等）
- 育児に関わる経済的支援（育休期間中の手当支給，保育サービス利用の費用補助）
- 職場復帰支援の充実（面談，相談窓口の設置，社内イントラによる情報提供等）
- 男性の育児休業取得の促進（トップのメッセージ発信，管理職研修やwebを通じた啓蒙活動）
- 事業所内保育所の設置

【介護支援】

- 法定を超える介護休業や介護短時間勤務の制度（休業：最長２年，短時間勤務：事由消滅まで等）
- 介護セミナーや相談窓口による情報提供
- 介護支援に関わる従業員のニーズ把握

⑵　労働時間の適正化や働き方の改革

- ノー残業デーの徹底，終業時刻の目標設定
- 業務効率化や時間外労働に関する労使の協議や数値目標の設定
- 年次有給休暇の計画的取得・連続取得の推進

⑶　そ　の　他

- 家族・地域交流型イベントの実施（職場参観・ファミリーデー等）

ワーク・ライフ・バランスは，一次予防の代表的な取組みといえます。他社の施策内容や取組実績は，必ず自社の参考になります。まずは，自社の規模や業種に近い企業を参考にしてみてはいかがでしょうか。

V 対策の成果とともに予防をシフトする

三次予防、二次予防、一次予防の順で説明をしてきました。

三次予防は、メンタルヘルス不調になった後の対応ですから、メンタルヘルス不調者に対して適切な対応を行うために各事業場の実情に合った仕組みをつくることが求められます。三次予防は、仕組みが機能すれば、8割方成功といっても過言ではありません。とにかく、場当たり的で、周囲の足並みがそろわず、人によって対応が異なることは、本人にとっても周囲にとっても混乱と疲弊を招くだけですから、何より仕組みづくりが大切です。

二次予防は、管理職がキーパーソンです。問題が小さなうちに対応できるのは、現場でマネジメントをしている管理職でないと困難です。よって、二次予防は、管理職が納得し、実現可能な方法をいかに伝え続けていくかがポイントになります。その際、新たな業務や責任という考えではなく、日常のマネジメント力をブラッシュアップしていくことが、結果としてメンタルヘルス・マネジメントになることを理解してもらうことが大切です。役割がプラスされるのは負担感が強くなりがちですが、今あるものの応用という考え方であれば、それほど負担感を感じにくいものです。また、キーパーソンである管理職を職場として支えていく体制づくり（人事担当スタッフや事業場外資源によるサポートなど）を進めていくことも、二次予防を推進する上で必要です。

一次予防は、各種調査票などのツールを活用して、職場環境改善を進めていくことになります。まず自社の現状を把握しなければ対策は始められません。本書では無料で利用できるものだけを紹介しましたので、是非積極的に活用してください。その際、やりっぱなしにしないこと、従業員の自発性・主体性を引き出すこと、結果を効果的にフィードバックしていくことなどを意識してください。また、各種調査票以外の一次予防としては、実は「当たり前のこと」ばかりです。時代によって企業は変わっていきます。以前は当たり前だったことが、当たり前でなくなることは珍しいことではありません。しかし、その中でも大切に守らなければならない「当たり前のこと」があるのではないでしょうか。それをひとつひとつ各社の文化の中で積み上げていくことが、一次予防だと考えます。ある経営コンサルタントが「仕事のＡＢＣとは、Ａ：当たり前のことを、Ｂ：バカになって、Ｃ：ちゃんとやる」と言っていますが、一次予防とは仕事のＡＢＣの積み重ねかもしれません。

どの段階の予防においても、各段階での予防に取り組んでいないことで、どのような問題が起きるのか、取り組むことでどのような成果があがるのかを理解していただけたと思います。二次予防よりも三次予防の方が後手に回っていることは否めませんが、二次予防はその段階の予防が、三次予防にはその段階での予防があります。それぞれの段階での予防をきちんと行う中で、予防の段階はおのずとシフトしていきます。三次予防でつくった仕組みは、浸透すれば二次予防となります。

二次予防での取り組みは日常化すれば一次予防となります。こうして予防の段階がシフトしていくプロセスの中で、メンタルヘルス対策の効果を確かに実感できるのです。

本章では、予防についての複数の対策内容や考え方を伝えましたが、仕組みづくりや体制づくりの重要性を理解してもらえたと思います。また、通常業務と同様、「仕掛けは複数」が成功の秘訣です。一種の対策では効果が上がりにくいものですが、複数の対策を同時に講じることで効果は各段に上がりやすくなります。

第4章

メンタルヘルス対策の道案内

本章では、中小企業の経営者や人事担当スタッフなどが、自社でメンタルヘルス対策を始める際の道案内をします。何から始めて、どのような取り組みをすればいいのか。また、どこに相談すればいいのか。そのような疑問に答えていきます。なお、本章での道案内は、経営者や人事担当者にとっての道案内であり、一般社員にとっての情報は割愛しています。

I　ゼロから始めるメンタルヘルス対策

まず、メンタルヘルス対策の手順を「労働者の心の健康の保持増進のための指針」（厚生労働省、平成18年）を参考に説明します。

1　メンタルヘルスに関わる職場環境の実態把握　↓　119ページ
2　メンタルヘルスに関する課題を解決するための社内の計画策定と体制・ルールづくり　↓　119ページ
3　「心の健康づくり計画」の策定　↓　121ページ
4　管理職に対する周知・教育　↓　123ページ
5　「4つのケア」の推進　↓　123ページ
6　対策の成果についての評価・見直し　↓　124ページ

1 メンタルヘルスに関わる職場環境の実態把握

メンタルヘルス対策の推進にあたっては、まず自社の職場環境の把握が必須です。メンタルヘルス不調による休職者の有無や日数、ハラスメントの有無、長時間労働の有無、突発休をする社員の有無や日数、精神障害者の雇用率、求められる仕事の質がたいへん高い部門の有無など、あらゆる職場環境を総点検する必要があります。そのためには、個人情報に留意した社内アンケートを実施したり、労働者の意見を聞く場を設けたり、過去の人事情報を洗い出すことになります。第3章（91～95ページ）で紹介した各種調査票の活用も実態把握には有用です。

このような作業を通して、メンタルヘルスに関わる自社の課題が見えてきた上で、その改善のために社内の体制やルールづくりを進めます。

2 メンタルヘルスに関する課題を解決するための社内の計画策定と体制・ルールづくり

自社の課題を把握したら、それらを衛生委員会等で十分に審議し、社内の計画策定と体制・ルールづくりを進めます。参考までに、計画策定と体制・ルールづくりを行う事項の例を挙げます（図表4－1）。

図表４－１　計画策定と体制・ルールづくりを行う事項

- 職場復帰における支援（職場復帰支援プログラム策定を含む）
- 「４つのケア」の推進方法
- 管理職に対するメンタルヘルス研修・情報提供
- 労働者に対するメンタルヘルス研修・情報提供
- 衛生委員会の運営方法
- メンタルヘルス対策の実務担当者の選任
- 職場環境等の評価及び改善
- 労働者からの相談対応の体制整備
- ハラスメント対策
- 過重労働対策
- 労働者の健康情報保護のためのルール
- 産業医や衛生管理者の役割
- 事業場外資源を活用した対策
- 体制の評価・見直しの時期

3 「心の健康づくり計画」の策定

自社の課題が明確になり、これから行う計画策定、体制・ルールづくりを検討したら、それらをひとつの計画にまとめます。それが「心の健康づくり計画」です。心の健康づくり計画は、各事業場における労働安全衛生に関する計画の中に位置付けることが望まれます。作成する際は、自社の実態と必要性に応じて優先順位をつけた上で、年間計画や月間計画を作成すると展開しやすくなります。

「心の健康づくり計画」を策定したら、全社員に周知と重要性の説明を行います。その際、可能であれば社長の名前で周知をします。それは、会社として対策を推進していく覚悟を示すためです。対策を講じるためにはトップの理解が必須という理由もあります。また、「心の健康づくり計画」においては、いつまでに何を達成するのかという目標も明記しておくことが必要です。目に見えないメンタルヘルスだからこそ、そのあたりを曖昧にしておくと、対策が進みづらくなります。

また、現場においては、「心の健康づくり計画」の策定よりも管理職に対するメンタルヘルス研修など、回数等で評価できる取り組みのニーズが高いかもしれません。ただ、メンタルヘルス対策において効果をあげている事業場では「心の健康づくり計画」に積極的に関わっているところが多く、「心の健康づくり計画」の策定とそれに沿った対策は効果的と思われます（図表４－２）。

なお、「心の健康づくり計画」の例や具体的な策定方法については、厚生労働省が作成した冊子

図表４－２　「心の健康づくり計画」の効果に関する好事例

- 長期欠勤者・休職者が３分の１になり，休業期間も短くなった
- メンタルヘルス関連で傷病休暇を取得した従業員の取得日数が半減した
- メンタルヘルス不調者の職場復帰率が大幅に向上した
- 職場復帰したメンタルヘルス不調者の再休職率が10％を切った
- 復帰したケースのうち95％が再発してない
- メンタルヘルス不調による休職者がゼロになった
- 離職率が低下した
- 早期発見，早期介入できるケースが増加した
- 労働者から専門スタッフへの相談が増加した
- 管理職から人事担当スタッフや専門スタッフへの相談が増加した
- 管理職による部下とのコミュニケーション頻度が増加した
- ハラスメントに関わる問題が減少した
- 特定の部門で売り上げが向上した
- 残業に係る費用が大幅に削減できた
- ワーク・ライフ・バランスについての従業員満足度が上がった

出所：「労働者のメンタルヘルス不調の第一次予防の浸透手法に関する調査研究」（厚生労働省）に筆者の経験を加筆

「職場における健康づくり〜労働者の心の健康の保持増進のための指針〜」（http://www.jaish.gr.jp/information/2009mental_health_relax.pdf）に記載されていますので、参考にしてください。

4 管理職に対する周知・教育

第3章のⅢで詳述しましたが、管理職はメンタルヘルス対策を推進する際のキーパーソンになりますので、「心の健康づくり計画」の内容を十分に理解してもらう必要があります。そのために、管理職に対して、教育研修や情報提供を継続的にかつ計画的に行うことが必要です。

「心の健康づくり計画」における管理職の役割が機能することが、対策の成功には欠かせません。

5 「4つのケア」の推進

メンタルヘルス対策において、「セルフケア」、「ラインケア」、「事業場内産業保健スタッフ等によるケア」、「事業場外資源によるケア」の「4つのケア」が継続的にかつ計画的に行われることが重要です。

「セルフケア」では、一般社員に対する教育研修や情報提供、健康診断のようにストレスチェックを定期的に受けてもらうこと等の対策を講じます。

「ラインケア」では、二次予防のための管理職に対する教育研修（特に「事例性」の理解、部下からの相談対応など）、「心の健康づくり計画」における役割の理解などを進めていきます。

「事業場内産業保健スタッフ等によるケア」では、産業医・衛生管理者・保健師・人事担当スタッフなどによるメンタルヘルス対策の企画立案、相談窓口としての機能、メンタルヘルスに関わる社会資源の形成などを進めていきます。

「事業場外資源によるケア」では、事業場外の専門家や研修講師からの助言、事業場外相談窓口の設置などを進めていきます。

6 対策の成果についての評価・見直し

メンタルヘルス対策に留まらず、企業における対策は社内外の状況に左右されるものですから、運用しながら評価と見直しを重ねて一層の充実・向上に努め、計画に反映させていくものです。一番まずいのは、計画・体制・ルールを作りっぱなしでそれらを運用しないことです。メンタルヘルス対策において重要なことは、中長期的な視点に立った継続性と計画性です。

ゼロからメンタルヘルス対策を始めるときは、このような手順を踏むことになります。自分の事業場で何ができていて、何ができていないかを洗い出した上で取り組みを始めることが望ましいです。その際、「事業場における心の健康づくりの実施状況チェックリスト」を活用すると、社内の関係者と課題を共有しながら対策の準備を進めることができるでしょう。なお、このチェックリストは、東京大学大学院医学系研究科精神保健学分野によって運営されているページ（http://www.jstress.net）から無料でダウンロードして利用できます。

Ⅱ　メンタルヘルス対策に関わるリソース（Q&A）

本書はメンタルヘルス対策の道案内を目指していますので、計画の策定の仕方やそれぞれの対策の進め方などについては基本的な内容となっています。ここでは、本書に書かれてある基本的な内容や考え方を踏まえて、具体的に対策を講じていく際に相談できる機関やツールを紹介します。

自社におけるメンタルヘルス対策の実施状況を把握したい	Q2…127ページ
メンタルヘルス対策を始める際の相談先を知りたい	Q3…128ページ Q4…129ページ Q5…130ページ
メンタルヘルス専門業者の選考基準を知りたい	Q5…130ページ
長時間労働についての相談先を知りたい	Q6…132ページ
メンタルヘルス研修やe-ラーニングの教材について知りたい	Q7…132ページ Q8…133ページ

職場環境改善のためのツールを知りたい	↓ Q9…133ページ
労働者に案内できる相談機関を知りたい	↓ Q10…133ページ
社内で活用できるメンタルヘルスに関する冊子やパンフレットを知りたい	↓ Q11…135ページ
障害者雇用について相談できるところや助成金を知りたい	↓ Q12…136ページ

Q１　メンタルヘルス対策を始めたいときに相談できるところはありますか

Ａ１　メンタルヘルス対策支援センターや地域産業保健センター、メンタルヘルス専門業者に相談できます。

・メンタルヘルス対策支援センター → **Q３**（128ページ）
・地域産業保健センター → **Q４**（129ページ）
・メンタルヘルス専門業者 → **Q５**（130ページ）

Q２　自社におけるメンタルヘルス対策の実施状況を確認するための点検票はありますか？

Ａ２　「メンタルヘルス対策に係る自主点検票」（中央労働災害防止協会）があります。この点検票は、「労働者の心の健康の保持増進のための指針」に基づくメンタルヘルス対策の実施状況を点検するためのツールとして作成されました。自主点検票の活用により、事業場のメンタルヘルス対策の推進体制の整備、相談窓口・情報提供等の体制整備、職場環境等の改善等での基本的な事項に漏れや問題がないかについて点検することができます。運用上は、毎年定期的に点検し、その結果を改善に結びつけていくことになります。

なお、「メンタルヘルス対策に係る自主点検票」は、中央労働災害防止協会のホームページ（http://www.jisha.or.jp/）から無料でダウンロードして利用できます。

Q3　メンタルヘルス対策支援センターでは、どのようなサービスが受けられますか？

A3　メンタルヘルス対策支援センター（都道府県産業保健推進センター内に設置）では、以下のサービスを受けられます。すべて無料で利用できます。

① 相談……メンタルヘルス不調の予防、「心の健康づくり計画」策定方法、「職場復帰支援プログラム」の構築方法などメンタルヘルス全般の相談をすることができます。

② 訪問支援……メンタルヘルス対策の専門家であるメンタルヘルス対策促進員が、事業場に出向いて助言を行うという訪問支援を受けることができます。たとえば、「職場環境の改善と把握」についての助言などポイントを絞った支援を受けることもできます。

③ 説明会……メンタルヘルス対策に関する周知を目的とした説明会を受けることができます。

④ 事例検討会・交流会……メンタルヘルス対策の推進に必要な関係機関や相談機関との連携

を目的とした交流会や事例検討会に参加することができます。

⑤ 情報の提供……メンタルヘルス対策で活用できる地域の総合的な情報（相談機関など）を提供してもらうことができます。

Q4 地域産業保健センターでは、どのようなサービスが受けられますか？

A4 地域産業保健センター（労働者数50人未満の事業場を対象）では、産業保健に関わる以下のサービスを受けられます（すべて無料で利用できます）。

① 健康診断で異常の所見があった労働者に対して、その健康を保持するための意見を医師から聞くことができます。

② 健康診断の結果、「血中脂質検査」、「血圧の検査」、「血糖検査」、「尿中の糖の検査」、「心電図検査」の項目に異常の所見があった労働者に対して、医師または保健師から健康管理に関する情報提供を受けることができます。

③ メンタルヘルス不調の労働者に対して、医師または保健師から相談・指導を受けてもらうことができます。

④ 産業医を選任していない事業場において時間外労働が長時間に及ぶ労働者に対して、医師による面談を受けてもらうことができます。

⑤ 総合的な労働衛生管理について訪問指導を受けることができます。

Q５　メンタルヘルス専門業者は、どのような基準で選べばいいですか？

Ａ５　メンタルヘルス専門業者を選考する前段階として、自社の課題を明確にする必要があります。課題が明確になれば、導入目的やニーズが明確になります。たとえば、労働者に対する職場復帰支援を中心にサポートしてもらいたいのか、管理職に対する二次予防教育を中心にサポートしてもらいたいのか、一次予防の仕組みづくりなどを中心に経営者や人事担当スタッフのサポートをしてもらいたいのか等の目的に沿って専門業者を選考します。

専門業者は、大きく分けて３つあります。筆者が行っているメンタルヘルス・コンサルティングのサービス、ＥＡＰ、健保契約のメンタルヘルスサービスです。それぞれの特徴を図表に示します（図表４－３）。各事業場の課題や予算などに応じて検討する際の参考にしてください。

図表４－３　メンタルヘルス専門業者の比較

	契約主体	サービス内容	価　格	特　徴
筆者が行っている顧問契約	人事部または経営者直轄の部門	・メンタルヘルス対策のカスタムメイドのコンサルティング ・カスタムメイドのメンタルヘルス研修 ・メンタルヘルス不調者の対応についての助言指導 など	顧問契約なのでＥＡＰと比較すると廉価	・メンタルヘルス対策の予算が確保しづらい中小規模事業所に適している ・顧客ニーズに合わせてカスタムメイドできる ・リスクマネジメントの視点
一般的なＥＡＰ契約	人事部または総務部	・ＥＡＰのフルサービス ・メンタルヘルス研修 ・社員に対するカウンセリング	フルパッケージなので，高めなことが多い	・社員のカウンセリングも含めた総合的なメンタルヘルス対策のサービスを受けることができる ・顧客が利用しないサービスも含まれているフルパッケージ方式が多い ・リスクマネジメントの視点
一般的な健保相談	健保組合	・社員に対する健康相談（≠カウンセリング）	健保の予算に組み込まれる	・対策に連続性が生まれにくい ・福利厚生の視点

Q6　長時間労働対策について相談できるところはありますか？

A6　**Q3**のメンタルヘルス対策支援センターに相談できます。また、産業医を選任していない事業場は**Q4**の地域産業保健センターで長時間労働者の面接指導を受けてもらうことができます。

他にも、各都道府県労働局の「働き方・休み方改善コンサルタント」に相談することもできます。訪問指導やワークショップ等の講師を行ってくれます。また、労働時間等設定改善推進助成金制度の活用も検討してみてください。

なお、具体的な長時間労働対策については、第3章の82～88ページで説明しています。

Q7　メンタルヘルス研修を依頼したいが、どこに依頼すればいいですか？

A7　餅は餅屋ですから、外部のメンタルヘルス専門業者に依頼するのが望ましいです。講師の選考基準などは、第3章の80ページで説明しています。

人事担当スタッフなどが自前で研修を行う場合は、メンタルヘルスについて十分に学習した後に講師を務めてください。また、産業保健推進センターや中央労働災害防止協会では、人事・労務・衛生管理者向けの無料研修が開催されていますし、メンタルヘルス対策支援センターでは管理職に対するメンタルヘルス研修の内容を相談できます。それらの場所で学んだ内容を各事業場に還元することもできます。

Q8　どうしても集合研修が難しいときのためのe-ラーニングの教材はありますか？

A8　セルフケア、ラインケア、メンタルヘルス対策の進め方については、厚生労働省のサイト「こころの耳」（http://kokoro.mhlw.go.jp/）に動画やe-ラーニングがありますので、それを利用できます。それ以外のテーマについては、メンタルヘルス専門業者に依頼する必要があります。専門業者によっては、e-ラーニングの元となるスライドだけを提供してくれるところもありますので、問い合わせてみてください。

Q9　職場環境改善のためのツールはありますか？

A9　「新・職業性ストレス簡易調査票」、「ストレス判定図」、「メンタルヘルスアクションチェックリスト」、「メンタルヘルス意識改善調査票」、「職場快適度チェックシート」などのツールがあります。第3章（91～95ページ）にそれぞれの説明がありますので、参照してください。

また、メンタルヘルス専門業者によるストレスチェックの活用という方法もあります。その際、組織診断と個人診断の両方を行っている専門業者が選定のひとつの条件となります。

Q10　労働者に相談機関を案内したいのですが、どのような機関がありますか？

A10　社内に相談窓口を設置すると同時に、外部に相談できる窓口を案内することも対策を進める上で必要です。図表にある相談先はすべて無料です。メンタルヘルス専門業者と契約している

図表４－４　労働者のための相談機関

名　称	サービス提供元	相談受付時間	相談方法	備　考
働く人の悩みホットライン	日本産業カウンセラー協会	月～土までの15時～20時	電話（通話料は自己負担）	利用は１人１回30分
勤労者心の電話相談	労災病院	祝日を除く月～金の14時～20時（病院により異なる）※メールは24時間受付	電話（通話料は自己負担）およびメール	
総合労働相談コーナー	各都道府県労働局	各労働局の利用時間	面接または電話	主に労働問題を扱う
心の健康相談統一ダイヤル	都道府県・政令指定都市「心の健康電話相談」	各都道府県の利用時間による	電話	ＰＨＳ電話からは接続不可
いきる・ささえる相談窓口	自殺予防総合対策センター	各都道府県の利用時間による	電話	自殺予防 各機関によって専門とする相談の内容や対象が異なる
人事院こころの健康相談（公務員対象）	人事院	毎月２～３回午後に実施	面接（電話かメールで予約）	１人１回40分程度

出所：「こころの耳」（厚生労働省）を改変

場合は、対策に次の展開につなげやすくなりますので、その窓口を中心に案内することをお勧めします。

Q11　メンタルヘルスに関する冊子やパンフレットはありますか？

A11　次（図表4－5）の冊子やパンフレットがあります。本書ですでに紹介したものを除いて、事業所にとって有用なものを挙げています。

図表4－5　メンタルヘルスに関する冊子・パンフレット

名　称	用　途	団体名	発行年
Selfcare　こころの健康　気づきのヒント集	セルフケアの推進	厚生労働省・（独）労働者健康福祉機構	平成24年
心の健康づくり事例集	他社のメンタルヘルス対策を知る	厚生労働省・中央労働災害防止協会	平成19年度版から22年度版まであり
のめば、のまれる（アルコール問題対策）	アルコール教育 アルコール関連自殺予防	自殺予防総合対策センター	平成22年
誰でもゲートキーパー手帳	自殺予防教育	内閣府自殺対策推進室	平成23年
職場におけるセクシュアルハラスメント対策について	セクハラ対策	厚生労働省	平成22年

出所：「こころの耳」（厚生労働省）を改変

Q12　障害者雇用について相談できるところや助成金はありますか？

A12　２０１３年４月から障害者の法定雇用率が２・０％に引き上げられています。また、２０１８年には精神障害者の雇用が義務化されます。規模が小さい事業場ほど障害者雇用には苦労をすると思いますので、相談窓口や支援機関の一覧を参考にしてください。また、助成金も効果的に活用することをお勧めします。

なお、支援メニューは変更される可能性がありますので、各相談窓口・支援機関で最新の情報を確認してください。

図表４−６　障害者雇用について相談できるところや助成金

事業主のニーズ	相談窓口・支援機関	支援メニュー
障害者雇用の際に事業所が受けられる支援について知りたい	ハローワーク	職業紹介（仕事と障害者のマッチング）
	ハローワーク	障害者トライアル雇用事業（３か月間の試行雇用で事業主の不安軽減、障害者１人につき４万円／月の奨励金）
	ハローワーク	試行雇用奨励金（短時間就労から就労時間を延長していく、精神障害者１人につき２万５千円の奨励金）
障害者雇用のノウハウについて知りたい	高齢・障害者雇用支援センター	障害者雇用事例リファレンスサービス
	中央障害者雇用情報センター	就労支援機器の普及啓発 各種雇用相談・情報提供
	地域障害者職業センター等	障害者雇用支援に関する研修等 雇用管理サポート事業 精神障害者総合雇用支援事業
障害者を雇用した場合の事業所のメリットについて知りたい	都道府県労働局 ハローワーク	特定求職者雇用開発助成金（ハローワーク等の紹介により障害者を雇用する事業主に対して、支払った賃金に相当する額の一部を援助）
	都道府県労働局 ハローワーク	障害者初回雇用奨励金（初めて障害者を雇用した中小企業に100万円を支給）
	都道府県労働局 ハローワーク	中小企業障害者多数雇用施設設置等助成金（特例子会社又は重度障害者多数雇用事業所を設立し、障害者を10人以上雇用した場合に手厚い助成）
	都道府県労働局 ハローワーク	発達障害者・難治性疾患患者雇用開発助成金（ハローワークの職業紹介により発達障害者を雇い入れる事業主に助成）
	都道府県労働局 ハローワーク	精神障害者雇用安定奨励金（精神障害者の雇入れや休職者の職場復帰にあたり、精神障害者が働きやすい職場づくりを行った事業主に対する奨励金）
	高齢・障害者雇用支援センター	障害者雇用納付金制度に基づく各種助成金（障害者雇用のために施設整備や雇用管理など特別に措置を行ったときに助成）
	税務署等	障害者雇用に係る税制上の優遇措置

出所：独立行政法人　高齢・障害・求職者雇用支援機構　一部改変

おわりに

メンタルヘルス対策において根強いニーズとして存在するのが職場復帰支援（三次予防）です。その理由は、人事担当者、管理職、周囲の社員が現実問題として困ることだからです。安全配慮義務、休職中の対応、主治医との調整、家族との調整、業務の再配分、人員配置、管理職や周囲の社員の負荷増大などあらゆる問題が同時に発生し、それらすべてに対処をしなければなりません。特に人事担当者はそれらの対応に追われ、疲弊するとともにメンタルヘルス問題に対する困難さを感じることでしょう。

注意しなければならないのは、この三次予防だけでメンタルヘルス対策が終始してしまうことです。もちろん三次予防も大切です。しかし、三次予防だけでは企業の成長や生産性にはほとんど寄与する対策とはいえませんし、熱意ある人事担当者も一向に報われません。よって、スタートは三次予防であっても二次予防、一次予防へとシフトする、または同時に対策を講じる必要があります。

メンタルヘルス対策は特別視されがちですが、企業が対策を講じる際は常に自社の成長や生産性の向上を目的にすべきです。社員の健康が企業にとって不可欠な資本であることを認識し、社員のパフォーマンスを高めるためのメンタルヘルス対策を講じるべきなのです。そのように捉えることによって、メンタルヘルス対策は単なる不調者への対応というフレームを外すことができます。

このことは社員に対する日常的な関わりについてもいえます。非専門家である皆さんにとって不確かなものであるメンタルヘルスというものに惑わされるのではなく、確かに見える社員のパフォーマンスに焦点化することで、「メンタルヘルス不調者への対応は難しい」というフレームを外すことができます。

　このように今までのメンタルヘルス対策のフレームを外し、企業本来の目的の明確化、目的に沿った対応が実行されるのであれば、メンタルヘルス対策にかかる労力は、貴社にとって効果的な投資になるはずです。

　最後に、税務経理協会の鈴木利美さんには大変お世話になりました。この仕事になかなかとりかかれず、最初にお話をいただいてから3年近くが経ってしまいました。この間辛抱強く待っていただきました。本当にありがとうございました。

平成25年8月吉日

江口　毅

著者紹介

江口　毅（えぐち　つよし）
メンタルクリエイト　代表

ブラジルで生まれ，福井県敦賀市で育つ。

東京学芸大学教育学部卒業。

都内精神科クリニック係長，株式会社ジャパンＥＡＰシステムズ部長を経て，2013年メンタルクリエイトを設立。

前職から定評がある「人事担当者に対するメンタルヘルス・コンサルティング」と「企業に対するメンタルヘルス研修」を中心に，中小規模事業所に向けてサービスを提供している。

精神保健福祉士，社会福祉士，メンタルヘルス・マネジメント検定Ⅰ種・Ⅱ種合格者。

編著書に「管理職のためのこころマネジメント～うつの予防にはコミュニケーションが効く～」（労務行政）がある。

事業における夢は「メンタルヘルスの正の連鎖を生み出し，幸せな社会をつくること」，個人としての夢は詩集を出版すること。

ホームページ　　http://www.mentalcreate.com/
facebookページ　http://www.facebook.com/mentalcreate/
（facebookページでは，「いきいきと働くための言葉」を連載中）

著者との契約により検印省略

平成25年11月１日　初版第１刷発行

明日から始められる
メンタルヘルス・アクション
―中小企業のためのメンタルヘルスガイド―

著　　者　江　　口　　　　毅
発 行 者　大　　坪　　嘉　　春
印 刷 所　税経印刷株式会社
製 本 所　株式会社　三森製本所

発 行 所　〒161-0033　東京都新宿区
下落合２丁目５番13号
株式会社　税務経理協会
振　替　00190-2-187408
ＦＡＸ　(03)3565-3391
電話　(03)3953-3301（編集部）
(03)3953-3325（営業部）
URL　http://www.zeikei.co.jp/
乱丁・落丁の場合は，お取替えいたします。

©　江口　毅　2013　　Printed in Japan

本書を無断で複写複製(コピー)することは，著作権法上の例外を除き，禁じられています。
本書をコピーされる場合は，事前に日本複製権センター(ＪＲＲＣ)の許諾を受けてください。
JRRC〈http://www.jrrc.or.jp　eメール：info@jrrc.or.jp　電話：03-3401-2382〉

ISBN978-4-419-06045-9　C3034